White Paper Series Valkoiset kirjat

THE FINNISH LANGUAGE IN THE DIGITAL AGE

SUOMEN KIELI DIGITAALISELLA AIKAKAUDELLA

Kimmo Koskenniemi Helsingin yliopisto
Krister Lindén Helsingin yliopisto
Lauri Carlson Helsingin yliopisto
Martti Vainio Helsingin yliopisto
Antti Arppe Helsingin yliopisto
Mietta Lennes Helsingin yliopisto
Hanna Westerlund Helsingin yliopisto
Mirka Hyvärinen Helsingin yliopisto
Imre Bartis Helsingin yliopisto
Pirkko Nuolijärvi KOTUS
Aino Piehl KOTUS

Georg Rehm, Hans Uszkoreit
(toimittajat, editors)

Editors
Georg Rehm   Hans Uszkoreit
DFKI   DFKI
Alt-Moabit 91c   Alt-Moabit 91c
Berlin 10559   Berlin 10559
Germany   Germany
e-mail: georg.rehm@dfki.de   e-mail: hans.uszkoreit@dfki.de

ISSN 2194-1416   ISSN 2194-1424   (electronic)
ISBN 978-3-642-27247-9   ISBN 978-3-642-27248-6   (eBook)
DOI 10.1007/978-3-642-27248-6
Springer Heidelberg New York Dordrecht London

Library of Congress Control Number: 2012940571

Printed on acid-free paper

Springer is part of Springer Science+Business Media (www.springer.com)

ESIPUHE PREFACE

META-NET Valkoiset kirjat -julkaisusarjan tavoitteena on edistää tietämystä kieliteknologiasta ja sen tarjoamista mahdollisuuksista. Tämä julkaisu haluaa herättää opettajia, toimittajia, poliitikkoja, kieliyhteisöjä ja muitakin.

Euroopan kielten kieliteknologisten sovellusten saatavuus vaihtelee. Niinpä myös toimenpiteet, joita jatkossa tarvitaan tukemaan kieliteknologioiden tutkimusta ja kehitystä, ovat eri kielten kohdalla erilaisia ja riippuvat kielen ominaispiirteistä ja kieliyhteisön koosta.

Euroopan komission rahoittaman META-NET -huippuosaamisverkoston kartoitustyö tässä valkoisten kirjojen sarjassa (p. 81) kattaa Euroopan 23 virallisen kielen sekä tärkeiden kansallisten ja paikallisten kielten kieliaineistot ja kieliteknologiat. Tulosten perusteella kaikkien kartoitettujen kielten tutkimus kärsii merkittävästä resurssien puutteesta. Yksityiskohtaisempi nykyisen tilanteen selvitys vahvistaa tulevan tutkimuksen vaikutusta ja vähentää riskejä.

META-NET koostuu 33 valtion 54 tutkimuskeskuksesta [2] (s. 77), jotka tekevät yhteistyötä useiden toimijoiden ja intressiryhmien kanssa. Mukana on liikeyrityksiä, julkisen hallinnon yksiköitä, teollisuuden edustajia, tutkimusyksiköitä, tietotekniikan alan yrityksiä, teknologian tuottajia ja eurooppalaisia yliopistoja. Työn tuloksena on syntymässä teknologinen visio osana strategista tutkimuslinjausta osoittamaan, miten kieliteknologiat auttavat Euroopan tutkimusyhteisöä ratkaisemaan keskeisiä tutkimuskysymyksiä vuoteen 2020 mennessä.

This white paper is part of a series that promotes knowledge about language technology and its potential. It addresses journalists, politicians, language communities, educators and others. The availability and use of language technology in Europe varies between languages. Consequently, the actions that are required to further support research and development of language technologies also differ. The required actions depend on many factors, such as the complexity of a given language and the size of its community.

META-NET, a Network of Excellence funded by the European Commission, has conducted an analysis of current language resources and technologies in this white paper series (p. 81). The analysis focuses on the 23 official European languages as well as other important national and regional languages in Europe. The results of this analysis suggest that there are tremendous deficits in technology support and significant research gaps for each language. The given detailed expert analysis and assessment of the current situation will help maximise the impact of future research.

META-NET consists of 54 research centres in 33 European countries [2] (p. 77). META-NET is working with stakeholders from economy (software companies, technology providers and users), government agencies, research organisations, non-governmental organisations, language communities and European universities. Together with these communities, META-NET is creating a common technology vision and strategic research agenda for multilingual Europe 2020.

META-NET – office@meta-net.eu – http://www.meta-net.eu

Tämän raportin tekijät ovat kiitollisia saksankielisen META-NET valkoisen kirjan tekijöille luvasta käyttää raporttinsa kielestä riippumattomien osioiden tekstejä osana tämän raportin englanninkielistä osuutta sekä lähteenä suomenkieliselle käännökselle [1].

Tämän valkoisen kirjan tuottamiseen on myönnetty rahoitusta Euroopan komission seitsemännestä puiteohjelmasta ja tieto- ja viestintäteknologioiden tukiohjelmasta seuraavien sopimusten perusteella T4ME (rahoitussopimus 249119), CESAR (rahoitussopimus 271022), METANET4U (rahoitussopimus 270893) ja META-NORD (rahoitussopimus 270899).

The authors of this document are grateful to the authors of the White Paper on German for permission to re-use selected language-independent materials from their document [1].

The development of this white paper has been funded by the Seventh Framework Programme and the ICT Policy Support Programme of the European Commission under the contracts T4ME (Grant Agreement 249119), CESAR (Grant Agreement 271022), METANET4U (Grant Agreement 270893) and META-NORD (Grant Agreement 270899).

SISÄLLYSLUETTELO TABLE OF CONTENTS

SUOMEN KIELI DIGITAALISELLA AIKAKAUDELLA

THE FINNISH LANGUAGE IN THE DIGITAL AGE

TIIVISTELMÄ

Tietotekniikka muuttaa jokapäiväistä elämäämme. Käytämme tietokoneita kirjoittamiseen, tekstin muokkaamiseen, laskemiseen, tiedon etsimiseen ja yhä enemmän myös lukemiseen, musiikin kuunteluun sekä valokuvien ja elokuvien katseluun. Kannamme taskuissamme pieniä tietokoneita, joilla soitamme puheluja, lähetämme sähköpostia ja viihdytämme itseämme siellä missä kulloinkin satumme olemaan. Kuinka tämä valtava informaation, tietämyksen ja arkisen viestinnän digitalisoituminen vaikuttaa kieleemme? Muuttuuko suomen kieli tai voiko se jopa kadota? Kaikki tietokoneemme ovat yhteydessä toisiinsa entistä tiheämmän ja tehokkaamman maailmanlaajuisen verkon kautta. Tyttö Ipanemassa, tullimies Imatralla ja insinööri Katmandussa voivat jutella ystäviensä kanssa Facebookissa, mutta toisiinsa he tuskin koskaan verkossa törmäävät. Jos he ovat huolissaan korvasärystä, he käyvät lukemassa Wikipediasta kaiken mahdollisen tämän vaivan hoitoon liittyvän, mutteivät silloinkaan lue samaa artikkelia. Ja kun Euroopan nettikansalaiset keskustelevat Fukushiman ydinonnettomuuden vaikutuksista eurooppalaiseen energiapolitiikkaan, tapahtuu ajatustenvaihto erikseen kunkin kieliyhteisön sisäisillä keskustelupalstoilla. Kielet erottavat edelleenkin sen minkä Internet voisi yhdistää. Tyydymmekö tähän tilanteeseen myös tulevaisuudessa?

Tieteiselokuvissa kaikki puhuvat samaa kieltä. Voisiko tämä yhteinen kieli olla suomi, vaikka astronautit harvoin lausuvat suomalaisia sanoja yhtä luonnollisesti kuin he puhuvat englantia? Monet maailman 6000 kielestä eivät tule selviytymään globalisoituneessa digitaalisessa tietoyhteiskunnassa. Arviolta vähintään 2000 kieltä on tuomittu sukupuuttoon tulevina vuosikymmeninä. Joitakin kieliä mahdollisesti käytetään jatkossakin perheissä ja kyläyhteisöissä, mutta ei yrityksissä tai akateemisessa maailmassa. Minkälaiset siis ovat suomen kielen selviytymismahdollisuudet?

Suomea puhuu yli 5 miljoonaa ihmistä, joten se on moniin muihin kieliin verrattuna kohtalaisen hyvässä asemassa. Suomenkielisiä julkisia televisiokanavia on neljä ja yksityisiä yli 30. Useimmat kansainväliset elokuvat tekstitetään suomeksi. Suomen kieli on todennäköisesti hieman vahvistanut asemiaan sen jälkeen kun Suomi liittyi EU:n täysjäseneksi. Kielen puhujien, kirjojen, elokuvien ja televisiokanavien määrän lisäksi tietyn kielen tilanne riippuu myös sen digitaalisesta läsnäolosta tietoverkoissa ja sovellusohjelmissa. Tälläkin mittapuulla suomi sijoittuu kohtalaisen hyvin: kaikki keskeiset kansainväliset ohjelmistotuotteet ovat saatavilla suomalaisina versioina, suomenkielisessä Wikipediassa on yli 290 000 artikkelia ja verkkotunnus .fi on hyvin suosittu.

Kieliteknologian alalla suomen kielelle on tarjolla kohtuullinen määrä tuotteita, teknologioita ja kielivaroja. On olemassa suomenkielisiä sovelluksia ja työkaluja puhesynteesiä, puheentunnistusta, tiedonhakua sekä oikeinkirjoituksen ja kieliopin tarkistusta varten. On olemassa myös joitakin automaattista kääntämistä varten kehitettyjä sovelluksia, vaikka ne eivät usein tuotakaan kielellisesti ja idiomaattisesti oikeita käännöksiä varsinkaan kun suomi on kohdekielenä. Tähän ovat osittain syynä suomen kielen erityispiirteet.

Tieto- ja viestintätekniikka valmistautuvat nyt seuraavaan vallankumoukseen. Mikrotietokoneita, multimediaa, tietoverkkoja, laitteiden pienentymistä, multimediaa, mobiililaitteita ja pilvilaskentaa seuraava teknologian sukupolvi luo ohjelmistoja, jotka ymmärtävät kirjainten ja äänteiden lisäksi myös kokonaisia sanoja ja lauseita. Tällaiset ohjelmistot palvelevat käyttäjiään entistä paremmin, koska ne puhuvat ja ymmärtävät heidän kieltään. Alan edelläkävijöitä ovat ilmainen online-palvelu Google Translate, joka kääntää 57 kielen välillä, IBM:n supertietokone Watson, joka päihitti Jeopardy-tietovisassa Yhdysvaltojen mestarin, sekä Applen iPhoneen kehittämä Siri-avustaja, joka reagoi äänikomentoihin ja vastaa englanniksi, saksaksi, ranskaksi ja japaniksi esitettyihin kysymyksiin.

Tietotekniikan seuraava sukupolvi tulee hallitsemaan ihmiskielen niin laajasti, että erikieliset käyttäjät pystyvät viestimään keskenään kukin omalla kielellään. Helppokäyttöisten äänikomentojen pohjalta laitteet osaavat hakea automaattisesti tärkeimmät uutiset ja muuta tietoa maailman digitaalisista tietovarannoista. Kieliteknologian avulla voidaan tehdä automaattisia käännöksiä ja avustaa tulkkeja. Sitä voi käyttää tulevaisuudessa myös keskustelujen ja asiakirjojen tiivistämiseen sekä opiskelun tukena. Kieliteknologia voi esimerkiksi auttaa maahanmuuttajia oppimaan suomea ja integroitumaan paremmin suomalaiseen kulttuuriin.

Seuraavan sukupolven tieto- ja viestintätekniikan avulla kehitellään jo nyt tutkimuslaboratorioissa teollisuuden ja palvelualan robotteja, jotka sekä ymmärtävät täysin mitä käyttäjät niiltä haluavat että osaavat raportoida omista saavutuksistaan. Tällaiseen suoritustasoon pääseminen vaatii paljon enemmän kuin pelkkien merkistöjen, sanakirjojen, oikolukuohjelmien ja ääntämissääntöjen käyttöä. Yksinkertaistettu lähestymistapa teknologiassa ei enää riitä, vaan on ryhdyttävä mallintamaan kieltä kokonaisvaltaisesti. On samanaikaisesti huomioitava sekä syntaksi että semantiikka, jotta myös mutkikkaita kysymyksiä voidaan ymmärtää ja antaa niihin perusteellisia ja relevantteja vastauksia.

Englannin ja suomen välillä on kuitenkin ammottava teknologinen kuilu, joka tätä nykyä vieläpä levenee. 1980- ja 1990-luvun menestyksekkäiden tutkimussaavutusten jälkeen Suomi on nyt menettämässä rooliaan kieliteknologian edistäjänä. Kieliteknologian perustutkimusta rahoitettiin tutkimuksen huippuyksikön tasolla 1980- ja 1990-luvuilla, mikä johti useiden kehitettyihin tuotteisiin perustuvien yritysten perustamiseen.

Perustutkimuksen rahoituksen kauden jälkeen teknologiateollisuuteen liittyvät hankkeet ovat saaneet vain pienimuotoista rahoitusta Tekesiltä (teknologian ja innovaatioiden kehittämiskeskukselta). Tämän seurauksena Suomi (ja koko Eurooppa) menetti joitakin erittäin lupaavia huipputekniikan innovaatioita Yhdysvaltoihin, jossa tutkimuksen strateginen suunnittelu on pitkäjänteisempää ja rahoitusta on paremmin saatavilla myös uusien teknologioiden markkinoille tuomiseen. Vaikka uraauurtavalla tuoteidealla onnistuisikin saamaan varaslähdön teknologisten innovaatioiden kilpailussa, voi oman etulyöntiasemansa varmistaa vain siinä tapauksessa, että pystyy myös ylittämään maaliviivan. Muuten käteen jää pelkkä kunniamaininta Wikipediassa.

Kun kieliteknologian perustutkimuksen rahoitus väheni, siirtyivät monet suomalaiset asiantuntijat erilaisiin pienyrityksiin. Yhdysvaltalaiset yritykset käyttivät resurssejaan kehittääkseen teknologioista itselleen käyttökelpoisia tuotteita. Tästä huolimatta Suomessa on edelleen hyvin suuri tutkimuspotentiaali. Kansainvälisesti tunnettujen tutkimuskeskusten ja yliopistojen lisäksi täällä on myös innovatiivisia pieniä ja keskikokoisia kieliteknologiayrityksiä, jotka pysyvät hengissä silkan luovuuden ja valtavien ponnistusten ansiosta, vaikka niillä ei olekaan riskipääomaa tai jatkuvaa julkista rahoitusta. Suomenkielisen kieliteknologian varhaisen kaupallisen menestyksen takia ei tutkimusyhteisö enää päässytkään käyttämään suomen kielen käsittelyyn kehitettyjä perustyökaluja kuten jäsentimiä ja sanastoja. Yllättävänä seurauksena tästä suomalaisissa tutkimusprojekteissa ei enää juuri käytetty nimenomaan suomen kielelle kehitettyä teknologiaa, vaan useimmat tutkimus- ja kehitystyön tuloksina syntyneet prototyypit pohjautuivat englannille.

Riittävän kielivaroja ja perustutkimusta tukevan rahoituksen puutteen vuoksi suomi on harvoin ollut edustettuna kansainvälisissä teknologiakilpailuissa. Näin on käynyt esimerkiksi tiedonpoiminnan, kieliopin tarkistuksen, konekääntämisen ja monien muidenkin sovellusalojen kohdalla.

Monet tutkijat arvelevat näiden ongelmien johtuvan siitä, että jo viidenkymmenen vuoden ajan sekä tietokonelingvistiikan algoritmit ja menetelmät että kieliteknologisten sovellusten tutkimus ovat ensisijaisesti keskittyneet vain englannin kieleen. Vuosina 2008–2010 julkaistujen johtavien konferenssijulkaisujen ja tieteellisten aikakauslehtien valikoimassa 971 artikkelissa käsiteltiin englanninkielistä kieliteknologiaa ja vain kymmenessä suomenkielistä. Tanska ja ruotsi olivat paremmin edustettuina: tanskankielisestä teknologiasta puhuttiin 26:ssa ja ruotsinkielisestä 19:ssä artikkelissa. Norjan kieli jäi hännänhuipuksi vain kahdella artikkelilla.

On kuitenkin sellaisiakin tutkijoita, joiden mielestä englanti luonnostaan sopii paremmin tietokoneella käsiteltäväksi. Nykymenetelmillä myös espanjan ja ranskan kaltaiset kielet ovat paljon helpompia käsitellä kuin suomi. Tarvitsemme siis asialleen omistautuvaa, johdonmukaista ja pitkäjänteistä tutkimustyötä, jos haluamme hyödyntää tieto- ja viestintäteknologian seuraavaa sukupolvea niillä yksityis- ja työelämämme alueilla, joilla nyt puhumme ja kirjoitamme suomea. Kaiken kaikkiaan voidaan todeta, että tuhon ennustajista ja englanninkielisen tietojenkäsittelyn kyvykkyydestä huolimatta suomen kieli ei ole vaarassa. Tilanne voi kuitenkin dramaattisesti muuttua, kun uusi teknologiasukupolvi todella alkaa osata ihmiskieliä. Konekääntämisen kehittyessä kielimuurien ylittäminen kylläkin helpottuu, mutta vain sellaisten kielten välillä, jotka ovat selviytyneet digitaalisessa maailmassa. Myös pienet kielet selviytyvät varmemmin, jos niille on saatavilla sopivia kieliteknologisia välineitä.

"Harjaa vain niitä hampaita, jotka haluat pitää", varoittaa hammaslääkäri leikkisästi. Varoitus pätee myös tutkimuksen tukitoimiin. On kuitenkin muistettava, että opiskella voi mitä kieltä tahansa, mutta kallista teknologiaa kannattaa kehittää ainoastaan niitä kieliä varten, joiden halutaan säilyvän elinvoimaisina.

META-NETin pitkän tähtäimen tavoite on tuoda korkealuokkaista kieliteknologiaa kaikkien kielten saataville, jotta poliittinen ja taloudellinen yhtenäisyys voidaan saavuttaa kulttuurinen monimuotoisuus säilyttäen. Teknologia tulee avustamaan olemassa olevien esteiden poistamisessa ja yhteyksien rakentamisessa Euroopan kielten välille. Tarvittava teknologinen kehitys edellyttää, että kaikki toimijat politiikan, tutkimuksen kuin yhteiskunnan saralla yhdistävät voimansa tavoitteen saavuttamiseksi.

Kieliteknologisissa hybridimalleissa kielen syvärakenteen prosessointi yhdistyy tilastollisiin malleihin. Uskomme niitä hyödyntävän modernin kieliteknologian mahdollisuuksiin rakentaa yhteyksiä Euroopan kielten välille. Tässä raportissa kuvataan Euroopan jäsenvaltioiden kieliteknologian tutkimuksen tilannetta ja kartoitetaan käytettävissä olevien ratkaisujen valmiusastetta kussakin META-NETin jäsenmaassa.

META-NET Valkoiset kirjat -julkaisusarja on hankkeen keskeisiä tehtäviä ja se toimii pohjana strategisille toimenpide-ehdotuksille. META-NET julkaisee ajantasaista tietoa toiminnastaan, kuten visiopaperin [3] ja strategisen tutkimussuunnitelman, verkkosivuillaan http://www.meta-net.eu.

UHKA KANSALLISKIELILLE ON HAASTE KIELITEKNOLOGIALLE

Olemme todistamassa digitaalista vallankumousta, jonka vaikutukset viestinnän toimivuuteen ja sitä kautta koko yhteiskuntaan tulevat olemaan merkittäviä. Tieto- ja viestintätekniikan viimeaikaista kehitystä on toisinaan verrattu Gutenbergin keksimään kirjapainotekniikkaan. Millaisia oletuksia Euroopan tietoyhteiskunnan ja erityisesti kieltemme tulevaisuudesta voimme vertauksen pohjalta tehdä?

Digitaalisen vallankumouksen vaikutukset yhteiskuntaan tulevat olemaan merkittäviä.

Gutenbergin keksinnöstä seurasi todellisia läpimurtoja viestinnässä ja tiedon siirrossa, kuten Lutherin Raamatun käännös kansankielelle. Gutenbergin ajan jälkeen kuluneina vuosisatoina on kehitetty eri kulttuurien tarpeisiin monenlaisia teknikoita parantamaan kielenkäsittelyä ja tietämyksen siirtoa:

- suurten kielten ortografinen ja kieliopillinen standardisointi mahdollisti

- uusien tieteellisten ja henkisten saavutusten nopean levittämisen;

- virallisten kielten kehittyminen mahdollisti kansalaisten kommunikoinnin tiettyjen (usein poliittisten) rajojen sisällä;

- kielten opetus ja kääntäminen mahdollisti kieltenvälisen viestinnän;

- tekstin toimittamisen ja bibliografian laatimisen suositusten luominen takasi painotuotteiden laadun;

- erilaiset viestintäkanavat, kuten sanomalehti, radio, televisio ja kirja, tyydyttivät erilaisia viestinnällisiä tarpeita.

Informaatioteknologia on kuluneiden kahdenkymmenen vuoden aikana auttanut automatisoimaan asioita ja helpottanut monia toimintojamme arjessa:

- tietokoneavusteinen julkaisuohjelma on korvannut kirjoituskoneen ja ladonnan;

- piirtoheitinkalvot tehdään nykyisin esitysmateriaalien tuottamista varten tehdyillä ohjelmilla, kuten OpenOfficen esitysgrafiikat tai Microsoft Power-Point;

- sähköposti lähettää ja vastaanottaa tiedostoja nopeammin kuin faksi;

- voimme puhua edullisia tai jopa ilmaisia Internet-puheluja ja kokoontua virtuaalisesti verkkokeskusteluohjelmien avulla;

- äänen ja kuvan tallennusformaatit tekevät multimediasisällön jakamisen helpoksi;

- hakukoneet tarjoavat asiasanaperusteista verkkosivujen hakumahdollisuutta;

- verkossa olevat palvelut kuten Googlen Kääntäjä tuottavat nopeita, summittaisia käännöksiä;

- sosiaalisen median alustat kuten Facebook, Twitter ja Google+ mahdollistavat kommunikaation, yhteistyön ja tiedonjaon.

Vaikka mainitut työkalut ja sovellukset ovat hyödyllisiä, ne eivät vielä kykene tukemaan kaikkien kansalaisten tavoittamaa monikielistä Euroopan yhteisöä, jossa tieto ja tavarat voivat liikkua vapaasti.

2.1 KIELTEN VÄLISET RAJAT ESTEENÄ EUROOPAN TIETOYHTEISKUNNAN KEHITYKSELLE

Emme kykene ennustamaan tarkasti, millaiselta tulevaisuuden informaatioyhteiskunta näyttää, mutta on hyvin todennäköistä, että tietotekniikan vallankumous tuo eri kieliä puhuvia ihmisiä yhteen uusilla tavoin. Kansalaisille syntyy tarpeita oppia uusia kieliä ja sovellusten kehittäjille tilaus luoda uusia teknologisia sovelluksia, joiden avulla voidaan varmistaa, että ymmärrämme toisiamme ja saavutamme kaiken tarvitsemamme tiedon.

Yhä enemmän kieliä, puhujia ja sisältöä on jatkuvassa vuorovaikutuksessa keskenään.

Maailmanlaajuisten talousmarkkinoiden alueella ja tiedonkulun kentällä yhä enemmän kieliä, puhujia ja sisältöä on jatkuvassa vuorovaikutuksessa keskenään uusien viestintävälineiden avulla entistä nopeammin. Sosiaalisen median (Wikipedia, Facebook, Twitter, YouTube) suuri suosio on vain jäävuoren huippu.

Voimme nykyisin siirtää gigatavujen kokoisia tekstejä ympäri maailmaa muutamassa sekunnissa huomaamatta, että toimimme kielellä, jota emme edes ymmärrä. Euroopan komission tuoreen raportin mukaan 57% Internetin käyttäjistä Euroopassa ostaa tavaroita ja palveluja käyttäen muuta kuin äidinkieltään kaupanteossa.

Englanti on kaikkein tavallisin vieras kieli, ja seuraavina tulevat ranska, saksa ja espanja. 55% käyttäjistä lukee sisältöä vieraalla kielellä, kun taas vain 35% käyttää vierasta kieltä kirjoittaessaan sähköposteja tai lisätessään kommentteja verkkoon [4]. Vielä muutama vuosi sitten englannin asema verkon lingua franca -kielenä oli kiistaton – suurin osa verkossa olevasta sisällöstä oli englanniksi – mutta tilanne on nyt ratkaisevasti muuttunut. Muilla eurooppalaisilla kielillä samoin kuin Aasian ja Lähi-idän kielillä tuotetun sisällön määrä on kasvanut räjähdysmäisesti.

Kielellisten raja-aitojen aiheuttama kuilu sähköisessä kanssakäymisessä on saanut hämmästyttävän vähän julkista huomiota. Sen tiedostaminen nostaa kuitenkin esiin oleellisen kysymyksen: Mitkä Euroopan kielistä tulevat kukoistamaan verkottuneessa tieto- ja osaamisyhteiskunnassa, ja mitkä katoamaan?

2.2 KIELET KOHTAAVAT UUSIA UHKIA

Samalla kun painotekniikka edisti tiedonvälitystä Euroopan sisällä, se myös johti monien Euroopan kielten katoamiseen. Paikallisilla kielillä ja vähemmistökielillä julkaistiin harvemmin. Joitakin kieliä, kuten kornin kieli ja dalmatian kieli, käytettiin vain suullisessa viestinnässä, mikä puolestaan rajoitti niiden käytön alaa. Tuleeko Internetillä olemaan sama vaikutus kieleemme?

Euroopan kielten moninaisuus on sen tärkeimpiä voimavaroja.

Euroopan noin 80 kieltä muodostavat yhden sen rikkaimmista ja tärkeimmistä kulttuurien varaan rakentuvista kilpailuvalteista [5]. Vaikka isot kielet, kuten englanti ja espanja, tulevat todennäköisesti selviytymään kasvavilla digitaalisilla markkinoilla, voivat monet eurooppalaisista kielistä joutua verkostoituneessa yhteiskunnassa yhdentekevän kielen asemaan. Tällainen kehitys heikentäisi Euroopan asemaa maailmassa ja haittaisi Euroopan strategiaan sisältyvää tavoitetta taata kaikille Euroopan kansalaisille yhtäläinen oikeus osallistumiseen kielestä riippumatta. Unescon raportti monikielisyydestä osoittaa, että kielet ovat elintärkeitä perusoikeuksien turvaamisessa, joita ovat esimerkiksi oikeus koulutukseen, oikeus ilmaista poliittinen mielipiteensä ja oikeus osallistua yhteiskunnalliseen toimintaan [6].

2.3 KIELITEKNOLOGIA TUKEE KIELTEN SÄILYMISTÄ

Tähän asti toimenpiteet kielen säilymisen puolesta ovat kohdistuneet lähinnä kielen opetukseen ja kääntämiseen. Eurooppalaiset käännöstoiminnan, tulkkauksen ja lokalisoinnin markkinat vuonna 2008 olivat 8,4 miljardin euron arvoiset ja niiden odotetaan yhä kasvavan 10 prosentin vuosivauhdilla [7]. Luku kattaa kuitenkin vain pienen osan kieltenvälisen viestinnän nykyisistä ja tulevaisuuden tarpeista. Tavoitteena on varmistaa, että tulevaisuuden Euroopassa kansallisia kieliä voidaan käyttää laaja-alaisesti kaikkiin tarkoituksiin. Tarkoituksenmukainen teknologia on avuksi tavoitteen saavuttamisessa samalla tavoin kuin teknologia ratkaisee mm. kuljetuksen ja energiatalouden kysymyksiä ja vastaa erityisryhmien tarpeisiin.

Kieliteknologiat auttavat meitä ottamaan osaa monikieliseen sosiaaliseen ja poliittiseen keskusteluun.

Kieliteknologian tutkimuskohteita ovat kaikki kirjoitetun ja puhutun kielen muodot. Sovellukset auttavat meitä tekemään yhteistyötä, hoitamaan liikeasioita, jakamaan tietoa ja ottamaan osaa sosiaaliseen ja poliittiseen keskusteluun kielellisistä rajoitteista ja tietotekniikan taidoista riippumatta. Usein ne toimivat apunamme näkymättömällä tavalla monimutkaisten tietokonejärjestelmien syvyyksissä ja auttavat:

- löytämään tietoa Internetin hakukoneen avulla;
- tarkistamaan tekstinkäsittelyohjelman sisällä oikeinkirjoituksen ja kieliopin;
- saamaan tuotetta koskevia suosituksia näkyviin verkkokaupassa;
- kuuntelemaan puhuttua ohjeistusta auton navigaattorista;
- kääntämään verkkosivuja verkossa olevan palvelun avulla.

Kieliteknologiat koostuvat erilaisista keskeisistä ydinteknologioista, joita käytetään laajemmissa tehtäväkokonaisuuksissa monenlaisten tehtävien suorittamiseen. Tavoitteena META-NET valkoisten kirjojen julkaisusarjassa on selvittää, missä vaiheessa eurooppalaisten kielten ydinteknologiat tänään ovat.

Eurooppa tarvitsee vakaata, kohtuuhintaista ja tärkeimpiin ohjelmistoympäristöihin integroitua kieliteknologiaa.

Jotta voisimme säilyttää asemamme kehityksen etujoukoissa maailmassa, tarvitsemme kaikille Euroopan kielille sovitettua kieliteknologiaa, joka on vakaata, kohtuuhintaista ja tärkeimpiin ohjelmistoympäristöihin tiiviisti integroitua. Ilman kieliteknologiaa emme pääse käyttäjinä nauttimaan todella tehokkaista, interaktiivisista ja multimediaa tehokkaasti hyödyntävistä monikielisistä sovelluksista lähitulevaisuudessa.

2.4 KIELITEKNOLOGIAN MAHDOLLISUUKSIA

Painotuotteiden maailmassa todellinen teknologinen läpimurto oli paperilla olevan kuvan (tekstin) nopea monistaminen käytettävissä olevalla tekniikalla toimivan kirjapainokoneen avulla. Ihmisten piti noina aikoina tehdä tiedon etsimisen, omaksumisen, kääntämisen ja tiivistämisen edellyttämä työ käsityönä. Puheen nauhoittamiseksi piti odottaa Edisonia – ja silloinkin tuloksena oli vain analogisia kopioita.

Nykyisin kieliteknologia tarjoaa mahdollisuuden automatisoida kääntämisen, sisällöntuotannon ja tietämyksen hallinnan prosesseja kaikilla Euroopan kielillä. Sitä tarvitaan myös mahdollistamaan helppokäyttöisiä kieleen tai puheeseen pohjautuvia käyttöliittymiä kotitalouksille suunnattuihin elektronisiin tuotteisiin, ajoneuvoihin, tietokoneisiin ja robotteihin. Vaikka kaupalliset ja teolliset sovellukset ovat todellisuudessa vielä kehityksen esiasteita, tutkimuksen ja tuotekehityksen saavutukset luovat aitoja mahdollisuuksia tulevaisuuden ratkaisuihin. Erikoisalojen konekäännös toimii esimerkiksi jo suhteellisen tarkasti, ja kokeelliset sovellukset sisältävät monikielisiä informaation ja tietämyksen hallintatyökaluja samoin kuin sisällöntuotantoa tukevia ohjelmia useilla eurooppalaisilla kielillä.

Kieliteknologia auttaa vastaamaan
monikielisyyden haasteisiin.

Useimpien teknologioiden tavoin ensimmäiset kieliteknologiset sovellukset, kuten äänipohjaiset käyttöliittymät ja dialogijärjestelmät, kehitettiin hyvin erikoistuneille aloille ja niiden suorituskyky on usein rajallinen. Toisaalta opettamisen puolella ja viihdeteollisuudessa löytyy huikeita kaupallisia mahdollisuuksia integroida kieliteknologioita peleihin, kulttuuriperintösivustoihin, opetusviihdepaketteihin, kirjastojen palveluihin, erilaisiin simulaatioympäristöihin ja harjoitteluohjelmiin. Mobiilit tietopalvelut, tietokoneavusteinen kielen oppiminen, verkko-opetusympäristöt, itsearvioinnin työkalut ja plagioinnin tunnistusohjelmat ovat vain joitakin esimerkkejä sovellusaloista, joissa kieliitek-

nologialla voi olla tärkeä rooli. Sosiaalisen median sovellusten kuten Twitterin tai Facebookin suosio osoittaa, että jatkossakin tarvitaan kehittyneitä kieliteknologioita, joiden avulla voidaan tarkkailla viestiliikennettä, tehdä yhteenvetoja keskusteluista, havaita trendejä erilaisten kyselyjen perusteella, dokumentoida tunnepohjaisia reaktioita tai tunnistaa tekijänoikeusloukkauksia.

Kieliteknologia tarjoaa Euroopan unionille monenlaisia ratkaisuja. Se auttaa meitä vastaamaan Euroopan monenlaisiin monikielisyyden haasteisiin – siihen arkipäivään, jossa eri kielet elävät luonnostaan sovussa eurooppalaisessa liike-elämässä, organisaatioissa ja kouluissa. Mutta kansalaisten tulee voida kommunikoida ristiin rastiin Euroopan yhteismarkkina-alueella kielten rajojen yli – ja tätä kieliteknologia voi edesauttaa tarjoamalla ratkaisuja, jotka ovat kaikkien kansalaisten saavutettavissa ja joiden avulla kommunikointi onnistuu kaikilla kielillä. Kieliteknologia voidaan nähdä avustavana teknologiana, kun ratkaistaan kielellisen monimuotoisuuden kysymyksiä ja helpotetaan kieliyhteisöjen välistä viestintää. Eräs aktiivisista tutkimuskohteista on kieliteknologian hyödyntäminen pelastusoperaatioissa katastrofialueilla, kun toimintakyvyn ripeys on elämän ja kuoleman kysymys: tulevaisuuden useita kieliä taitavat älykkäät koneet voivat pelastaa ihmishenkiä.

Panostamalla tulevaisuudessa innovatiiviseen eurooppalaiseen monikieliseen kieliteknologiaan Eurooppa voi näyttää suuntaa muulle maailmalle.

2.5 KIELITEKNOLOGIAN HAASTEITA

Vaikka kieliteknologia on tutkimus- ja sovellusalueena jo ottanut isoja edistysaskeleita, on teknologinen edistys ja tuotekehitys nykyisellään liian hidasta. Laajalti käytössä olevat teknologiat, kuten oikeinkirjoituksen ja kieliopin tarkistusohjelmat, ovat tyypillisesti yksikielisiä ja niitä on saatavissa vain kouralliselle kieliä. Verkon tarjoamat käännöspalvelut, vaikka ovatkin hyvä apu tiedoston sisällön likimääräisen vastineen tuottamisessa, ovat hankaluuksissa heti, kun tarvitaan oikein tarkkoja ja yhdenmukaisia käännöksiä. Ihmiskielen monimutkaisuudesta johtuen kielten mallintaminen ohjelmallisesti ja niiden testaaminen todellisessa elämässä on pitkä ja kallis liiketoiminnan muoto, joka edellyttää pitkän aikavälin rahoitussitoumuksia.

Teknologinen edistys ja tuotekehitys tapahtuvat liian hitaasti.

Euroopan tulee siksi pitää kiinni edelläkävijän roolistaan monikielisen yhteisön teknologisten haasteiden kohtaamisessa ja kehittää uusia menetelmiä kehityksen nopeuttamiseksi koko Euroopassa. Nämä voivat tarkoittaa sekä tietoteknisiä edistysaskeleita että uusia tekniikoita, kuten yleisön osallistamisen menetelmä kansalaisten tietämyksen hyödyntämisessä.

2.6 KIELEN OMAKSUMISESTA

Ennen kuin lähdemme pohtimaan tarkemmin sitä, miten tietokoneet käsittelevät kieliainesta ja miksi niitä on vaikeaa ohjelmoida hyödyntämään kieltä, tarkastelemme lyhyesti ihmisten ensimmäisen ja toisen kielen omaksumista ja sen jälkeen tutustumme tarkemmin kieliteknologisten järjestelmien toimintaan. Ihmiset oppivat kieltä kahdella tavalla, oppimalla esimerkeistä ja tekemällä niistä yleistyksiä. Vauvat omaksuvat kielen kuuntelemalla ja osallistumalla itse aitoihin vuorovaikutustilanteisiin vanhempiensa, sisarustensa ja muiden perheenjäsenten kanssa. Noin kaksivuotiaista eteenpäin lapset alkavat tuottaa sanoja ja lyhyitä fraaseja itse. Tämä on mahdollista ainoastaan siksi, että ihmisillä on geneettinen taipumus matkimiseen ja kuulemansa puheen analysointiin.

Ihmiset oppivat kieltä kahdella tavalla, oppimalla esimerkeistä ja tekemällä niistä yleistyksiä.

Vanhempana lapsen vieraan kielen oppiminen vaatii enemmän vaivannäköä, pääosin siksi, että oppija ei enää ole osa kieltä äidinkielenään puhuvien kieliyhteisöä. Koulussa vieraat kielet usein omaksutaan opettelemalla kielen kieliopillista rakennetta, sanastoa ja oikeinkirjoitusta harjoitusten avulla, jotka kuvaavat käsitystämme kyseisestä kielestä abstraktien sääntöjen, taulukoiden ja esimerkkien kautta. Vieraan kielen oppiminen vaikeutuu iän myötä. Kieliteknologisten menetelmien kaksi päätyyppiä oppivat tietoa kielestä samalla tavoin. Tilastolliset (tai 'aineistolähtöiset') lähestymistavat eristävät kielitietoa valtavista aitojen esimerkkitekstien kokoelmista. Vaikka esimerkiksi oikeinkirjoituksen tarkistimelle riittää harjoitusaineisoksi yksikielinen teksti, konekäännösjärjestelmien treenaamiseen tarvitaan rinnakkaistekstejä kahdesta tai useammasta kielestä. Konekäännösalgoritmi oppii niiden rakenteita ja päättelee, miten sanat, lyhyet fraasit ja kokonaiset virkkeet on niissä käännetty.

Kieliteknologisten menetelmien päätyypit oppivat tietoa kielestä samalla tavoin.

Tilastollinen lähestymistapa saattaa edellyttää miljoonien virkkeiden aineistoa, ja menetelmien laatu paranee analysoidun tekstin määrän kasvaessa. Tämä on yksi syy siihen, että hakukoneiden kehittäjät keräävät niin suuria määriä kirjoitettua kieliainesta kuin mahdollista. Google-haku ja Googlen Kääntäjä perustuvat kaikki tilastollisiin menetelmiin. Tilastoista saatava suuri hyöty syntyy koneen kyvystä oppia nopeasti sille jaksoittaisena tarjotusta harjoitusaineksesta, vaikkakin oppimistulosten laatu voi vaihdella.

Toinen kieliteknologian ja erityisesti konekääntämisen lähestymistapa on sääntöpohjaisten järjestelmien rakentaminen. Kielitieteen, tietokonelingvistiikan ja tietojenkäsittelytieteen asiantuntijat koodaavat aluksi kieliopillisia analyysejä (kääntämisen sääntöjä) ja kokoavat sanastoja (leksikkoja). Jotkin johtavista sääntöpohjaisista konekäännösjärjestelmistä ovat olleet tekeillä jo yli kaksikymmentä vuotta. Sääntöpohjaisten järjestelmien suuri etu piilee siinä, että asiantuntijat voivat kontrolloida kielen prosessointia tarkemmin. Näin heidän on mahdollista korjata ohjelman virheitä systemaattisesti ja antaa yksityiskohtaista palautetta käyttäjälle, erityisesti tilanteessa jossa sääntöpohjaisia järjestelmiä käytetään kielen oppimisessa. Mutta työn kalleudesta johtuen on sääntöpohjaisia kieliteknologisia menetelmiä tähän asti kehitetty vain isoille kielille.

Koska tilastollisten ja sääntöpohjaisten järjestelmien vahvuudet ja heikkoudet tapaavat olla toisiaan täydentäviä, tutkimushankkeissa keskitytään molemmat menetelmät yhdistäviin hybridimalleihin. Näiden osalta menestystä on toistaiseksi koettu enemmän tutkimuslaboratoriossa kuin teollisten sovellusten maailmassa.

Kuten olemme tässä osiossa nähneet, monet nykyisessä informaatioyhteiskunnassa hyödynnettävät sovellukset perustuvat kieliteknologisiin menetelmiin. Tämä on erityisen tyypillistä Euroopan monikieliselle talousmarkkinoiden ja tiedonjaon alueelle. Vaikka kieliteknologian parissa on viime vuosina saavutettu merkittäviä edistysaskeleita, on kieliteknologisten järjestelmien laadullisessa parantamisessa vielä valtavasti työtä ja mahdollisuuksia. Seuraavissa osioissa tarkastellaan suomen kielen roolia eurooppalaisessa tietoyhteiskunnassa ja arvioidaan kieliteknologian tämänhetkistä tilaa suomen kielen näkökulmasta.

SUOMEN KIELI EUROOPAN TIETOYHTEISKUNNASSA

3.1 PERUSTIETOA SUOMEN KIELEN ASEMASTA JA KÄYTÖSTÄ

Suomen kieltä puhuu äidinkielenään Suomessa noin 4,8 miljoonaa ihmistä, ja se on noin 0,5 miljoonan suomalaisen toinen kieli. Suomea puhutaan myös Ruotsissa, Virossa, Venäjällä, Yhdysvalloissa ja Australiassa.

Suomen kieli on yksi Euroopan unionin virallisista kielistä

Suomen perustuslain ja kielilain mukaan suomi on ruotsin ohella Suomen toinen kansalliskieli. Lisäksi suomi on Ruotsin virallinen vähemmistökieli (vuonna 2011 lähinnä Pohjois- ja Keski-Ruotsin kunnissa). Suomen kieli on yksi Euroopan unionin virallisista kielistä. Suomen ja ruotsin lisäksi Suomessa on vanhastaan käytetty kolmea saamen kieltä, pohjoissaamea, inarinsaamea ja koltansaamea, Suomen romanikieltä, karjalan kieltä ja kahta viittomakieltä. Lähinnä 1800-luvulta lähtien Suomessa on asunut myös venäjän- ja tataarinkielisiä. 1970-luvun lopun jälkeen Suomeen on muuttanut väestöä muualta Euroopasta, Aasiasta ja Afrikasta, ja maahanmuuttajakieliä on nykyisin runsaat 100 kieltä. Suurimmat ryhmät ovat venäjän-, viron- ja somalinkielisiä. Suomen kirjakielellä on suhteellisen lyhyt historia. Hengellisen kirjallisuuden ja kirkon kielenä suomea on käytetty 1500-luvulta lähtien, lain kielenä 1700-luvulta läh-

tien. Hallinnon, opetuksen ja kirjallisuuden kielenä oli aina 1800-luvulle ruotsi. Nykysuomelle luotiin perusta 1800-luvulla, jolloin suomen kielestä tuli täysivaltainen kieli kaikessa yhteiskunnallisessa toiminnassa.

Suomen murteet jakautuvat kahteen pääryhmään, länsimurteisiin ja itämurteisiin. Länsimurteita ovat lounaismurteet, lounaiset välimurteet, hämäläismurteet, Etelä-Pohjanmaan murre, keski- ja pohjoispohjalaiset murteet ja Peräpohjan murteet. Itämurteita ovat savolaismurteet ja kaakkoismurteet. Murteet eroavat toisistaan äänne- ja muotopiirteiltään (idässä *meijän, männä*, lännessä *meirän, mennä*) ja osin sanastoltaan (idässä *vasta*, lännessä *vihta*). Murre-erot ovat edelleenkin selviä, ja eri alueiden puhujat erottuvat toisistaan varsinkin puheen prosodiaan (mm. intonaatioon tai ajoitukseen) liittyvien piirteiden perusteella. Erot ovat kuitenkin sellaisia, että erimurteiset ymmärtävät toisiaan hyvin. Kaupungistuminen ja yhteiskunnan muut muutokset ovat tasoittaneet murteita niin, että kaikkein suppea-alaisimmat ja leimallisimmat variantit ovat hävinneet.

3.2 SUOMEN KIELEN ERITYISPIIRTEITÄ

Suomen kieli kuuluu suomalais-ugrilaisten kielten ryhmään, ja se on yksi itämerensuomalaisista kielistä. Muut itämerensuomalaiset kielet ovat karjala, lyydi, vepsä, inkeroinen, vatja, viro, liivi, võro ja seto. Näissä kielissä ei ole kieliopillista sukua eikä artikkeleita.

Suomen kielen leimallisimpia piirteitä on, että kirjoitus pääosin vastaa ääntöasua. Sanan pääpaino on ensimmäisellä tavulla.

Suomen kielen ominaispiirteitä on rikas taivutusjärjestelmä. Sanat jakautuvat kolmeen pääryhmään: Nomineilla on sija- ja lukutaivutus, ja adjektiivit kongruoivat pääsanansa kanssa (*isossa talossa, isoissa taloissa*), verbeillä on persoona-, tempus- ja modustaivutus (*sanon, sanot, hän sanoo, sanomme, sanotte, he sanovat; sanon, sanoin, olen sanonut, olin sanonut; sanon, sanoisin*) ja adpositiot, adverbit ja partikkelit ovat pääosin taipumattomia. Sijoja on 15, joista akkusatiivi esiintyy vain persoonapronomineissa ja *kuka*-pronominissa (*minut, meidät, kenet*).

Suomen kielessä on rikas taivutusjärjestelmä.

Nomineilla voi olla jopa 2 000 ja verbeillä yli 12 000 taivutusmuotoa. Erilaisten muotojen määrä johtuu suomen agglutinatiivisesta luonteesta: sanaan voidaan liimata suuri joukko taivutuspäätteitä ja muita affikseja, esimerkiksi *halu+tu+imm+i+lla+mme+ko*.

Tärkeimmät suomen kielen sananmuodostuskeinot ovat johtaminen eli derivaatio ja yhdistäminen eli kompositio. Sanakirjojen hakusanoista perussanoja on noin 10–15 %, johdoksia noin 20–30 % ja yhdyssanoja noin 60–70 %.

- Johdoksia: *kirja → kirjasto, kirjaamo, kirjallisuus, kirjoittaa, kirjanen, kirjallinen* jne.
- Yhdyssanoja: *maahanmuutto, kansaneläkelaitos, yleisurheilumaaottelu.*

Päätteiden kasautumisen lisäksi suomen kielelle ominaisia piirteitä ovat astevaihtelu ja vokaaliharmonia. Taivutuspäätteiden lisäksi sanoista tekee pitkiä yhdyssanojen kirjoittaminen yhdeksi sanaksi ilman välilyöntejä tai yhdysmerkkejä. Yhdyssanoista voi lisäksi edelleen muodostaa uusia yhdyssanoja.

Suomen erityispiirteet ovat kieliteknologian kannalta haasteellisia.

Lauseenjäsenten yleisin järjestys on tyyppiä SVX, *Hän osti polkupyörän*. Suomen sanajärjestys vaihtelee kuitenkin sen mukaan, mikä on lauseen informaatiorakenne, eli sanajärjestyksellä osoitetaan tutun ja uuden tiedon suhdetta:

- *Hän osasi läksynsä.*
- *Osasi hän läksynsä.*

Syntaktisia rooleja merkitään taivutuspäätteiden avulla. Siksi suomen sanajärjestys on suhteellisen vapaa, toisin sanoen tekijä ja tekemisen kohde tunnistetaan ensisijaisesti taivutuspäätteen perusteella:

- *Poika osti kirjan.*
- *Kirjan poika osti.*

3.3 SUOMEN KIELEN KEHITYKSESTÄ

Suomen kirjakielen historia on suhteellisen lyhyt. Ensimmäiset suomenkieliset tekstit olivat saksan kielestä uuden aikakauden alkupuolella suomeen käännettyjä uskonnollisia tekstejä. Kirjoitusasu alkoi kuitenkin vakiintua vasta 1800-luvulla. Toisen maailmansodan aikoihin asti suomen kieleen lainattiin sanoja pääasiassa ruotsista, saksasta ja latinasta. Nykyisin sanastossamme on vain pieni suomalais-ugrilaista alkuperää oleva osuus. Suomen kielessä on runsaasti lainasanoja eri ajoilta, balttilaisia, germaanisia, slaavilaisia ja skandinaavisia lainasanoja. Vuosisatojen ajan vahva lainanantajakieli oli ruotsi (*pankki < bank, laki < lag, treenata < träna*). Nykyisin lainoja omaksutaan lähinnä englannista (*liisaus < leasing, meili < mail*), erikoiskieliin myös muualta (*pitsa,* *karate*). Tyypillistä on, että useimmat lainasanat mukautuvat varsin nopeasti suomen kielen rakenteeseen ja taivutusjärjestelmään. Lainasanat ja omaperäiset sanat elävät usein rinnan: *tulostin ~ printteri*.

Viime aikoina on ollut nähtävissä myös englannin kielen toisenlainen vaikutus. Suomen kielen käyttöala on eräillä elämänalueilla kapeutunut, eikä suomea käytetä siinä määrin kuin ennen. Tämä ilmiö näkyy selvimmin luonnontieteessä ja tekniikassa, mutta myös muualla tiedeyhteisössä. Tiedeyhteisö on myös entistä tietoisempi siitä, että suomen kieli vaatii enemmän huomiota kuin viime vuosikymmeninä.

Puhutun ja kirjoitetun kielen suhde on myös muutoksessa. Nykyisin julkaistaan paljon verkossa sellaista tekstiä, joka on oikeastaan puhetta. Siksi puhekielen ilmiöt tulevat mukaan kirjoitettuun kieleen voimallisemmin kuin aiemmin.

3.4 SUOMEN KIELEN HUOLTO

Suomen kielen virallinen huolto on lain ja asetuksen mukaan Kotimaisten kielten keskuksen tehtävä. Tutkimuskeskus antaa suosituksia, opastaa, kouluttaa sekä kartuttaa ja pitää yllä ajantasaisia suomen kielen tietokantoja. Neuvonnalla on pitkä perinne, ja toiminta tunnetaan hyvin kansalaisten keskuudessa. Suomalainen kielenhuolto on yhä enemmän tekstinhuoltoa, vaikka oikeinkirjoituksen ja taivutuksen yksityiskohdatkin ovat kyllä kysymysten kohteena.

Suomen kielen huolto kuuluu
KOTUKSEN tehtäviin.

Suomenkielisen termityön keskeisiä kehittäjiä on Sanastokeskus TSK, ja termityötä tehdään myös monissa tieteellisissä seuroissa. Vuoden 2011 alussa käynnistyi Helsingin yliopistossa hanke Tieteen kansallinen termipankki, jonka tarkoituksena on edistää suomenkielisten tieteellisten termien laatimista ja niiden saamista laajaan käyttöön.

2000-luvulla on yhä enemmän alettu kiinnittää huomiota myös viranomaiskielen laatuun ja ymmärrettävyyteen. Kotimaisten kielten keskus on tehnyt poliitikoille monia aloitteita virkakielen parantamiseksi ja tekee läheistä yhteistyötä lainlaatijoiden kanssa.

3.5 KIELI JA OPPIMINEN

Noin 56 000 lasta aloittaa vuosittain koulunkäyntinsä suomalaisessa peruskoulussa integroidussa yhdeksänvuotisessa koulujärjestelmässä. Suomen kielellä on tärkeä asema kaikkien vuosikurssien opetussuunnitelmassa, jossa määritellään opetustuntien kokonaismäärä. Opetuksen jakautumisesta eri vuosiluokkien osalle voidaan sitten päättää paikallisesti. Peruskoulun yhdeksän vuoden kuluessa oppilaat osallistuvat yhteensä 1554 äidinkielen ja kirjallisuuden oppitunnille.

Suomi on menestynyt kaikilla
PISA-arviointikierroksilla.

Suomi on osallistunut kaikille neljälle PISA-arviointikierrokselle vuosina 2000, 2003, 2006 ja 2009. Testitulokset osoittavat, että perusopetus on ollut suomalainen menestystarina siitäkin huolimatta, että erot tyttöjen ja poikien suoritustasoissa ovat PISA-arvioihin osallistuneiden maiden suurimmat [8]. Vuonna 2009 lukutaito oli arvioinnin keskeinen osa-alue, ja suomalaisten oppilaiden suoritusten keskiarvo arvioitiin edellisten PISA-kierrosten tavoin kolmanneksi parhaaksi. Lukutaito oli tuolloin arvioinnin keskeinen osa-alue, ja suomalaisten oppilaiden suoritusten keskiarvo arvioitiin edellisten PISA-kierrosten tavoin kolmanneksi parhaaksi [9]. Lukemista tuetaan myös muilla keinoin, esimerkiksi tiheä kirjastoverkosto ja suuri valikoima lehtiä on tarjolla kaikille ikäluokille.

Lukiossa opiskelijat osallistuvat kuudelle pakolliselle äidinkielen ja kirjallisuuden kurssille ja voivat lisäksi halutessaan valita kolme ylimääräistä syventävää kurssia. Äidinkieli on pakollinen oppiaine ylioppilaskirjoituksissa, joiden jälkeen opiskelijat voivat hakeutua korkean asteen opintoihin muun muassa käytäntöön painottuviin ammattikorkeakouluihin tai teoreettisempiin yliopisto-opintoihin. Vuosittain aloituspaikan ammattikorkeakoulusta saa noin 36 000 opiskelijaa ja noin 20 000 aloittaa yliopistoissa [10]. Kaikkien 26 ammattikorkeakoulun ja 16 yliopiston opetusohjelmat sisältävät pakollisia äidinkielen opintoja.

Suomalaiset oppilaat opiskelevat äidinkieltään peruskoulun yläasteella vähemmän kuin OECD-maiden oppilaat keskimäärin, eikä äidinkielen tai kirjallisuuden ylimääräisten kurssien valitseminen ole erityisen suosittua, vaikka oppiainetta pidetään tärkeänä. Raportin *Suomen kielen tulevaisuus* [11] työryhmä ehdottaakin, että kurssivalikoiman tulisi myös sisältää myös muita kuin tekstin tuottamisen tai kirjallisuuteen painottuvia kursseja, kuten kielitieteellisiä opintoja.

Suomen kieltä voi opiskella pääaineena kahdeksassa Suomen viidestätoista yliopistosta (Helsingin, Jyväskylän, Oulun, Tampereen, Turun, Vaasan ja Itä-Suomen yliopistoissa sekä Åbo Akademissa) ja Suomen kirjallisuutta kuudessa ensimmäisessä [12]. Yksittäisiä kursseja on mahdollista opiskella monissa muissakin yliopistoissa. Englannin merkitys opetuskielenä on lisääntynyt samassa tahdissa kansainvälisen opiskelija-aineksen määrän kasvun kanssa, mutta suomi on vielä pääasiallinen opetuskieli useimmissa tutkinto-ohjelmissa [13].

3.6 KANSAINVÄLISIÄ NÄKÖKULMIA

Suomen kieli on 1900-luvun lopulle asti ollut kansainvälisissä yhteyksissä vastaanottava kieli. Maailman kaunokirjallisuus ja tieteen saavutukset on saatu Suomeen käännösten välityksellä. Myös populaarikulttuurin, esimerkiksi musiikin sanoitusten, kääntämisellä on ollut vahva asema 1990-luvulle asti. Näin Suomeen on syntynyt vahva kääntämisen perinne ja tottumus lukea ja kuulla käännettyä kieltä. Tässä suhteessa on kuitenkin viime vuosikymmeninä tapahtunut muutosta, koska Internet-yhteydet ovat moninkertaistaneet muunkielisten tekstien ja muiden kulttuurin tuotteiden käytön; tavallisin vieras kieli on silloin englanti.

Suomen kieli on ollut kansainvälisissä yhteyksissä vastaanottava kieli.

Kääntäminen suomesta muihin kieliin on myös ollut tärkeää. Elinkeinoelämän ja tieteen kansainvälisissä kontakteissa taas suomi on ollut käännösten lähtökieli, sillä yhteyksiä ei yleensä ole voitu hoitaa suomen kielellä. Suomen kieltä voi tosin opiskella useissa maailman yliopistoissa, mutta opiskelijamäärät ovat pieniä ja useimmilla opiskelijoilla on enemmänkin sukujuuriin tai henkilökohtaisiin suhteisiin kuin ammattiin liittyvät syyt opiskeluunsa. Kansainvälisten kontaktien jokapäiväistyminen on muuttanut myös suomesta kääntämisen tilannetta, sillä yhä useammat suomalaiset kirjoittavat itse muilla kielillä, tavallisimmin englanniksi. Muutama suomalainen suuryritys on ottanut konsernikielekseen englannin.

Euroopan unionin jäsenyys muutti suomen kielen asemaa merkittävästi, sillä sen myötä suomi on ensimmäistä kertaa jonkin kansainvälisen yhteisön virallinen kieli. Suomi ei kuitenkaan ole työkieli, ja se merkitsee, että osallistuminen tapahtuu myös EU:ssa tapahtuu kääntämisen ja tulkkaamisen välityksellä [11]. Tekstien määrä ja käännettävät tekstilajit kuitenkin poikkeavat huomattavasti aikaisemmasta kääntämisestä. EU:n tuottamat tekstit käännetään työkielistä, useimmiten englannista, suomeksi. Tekstilajeista erityisasemassa on unionin lainsäädäntö. Suomalaisten yhteydenotot EU:n toimielimiin käännetään puolestaan suomesta työkielille. Suomesta käännettävien tekstien määrä on kuitenkin varsin pieni.

Suomalaisten poliittisten edustajien ja virkamiesten kokouspuheenvuorot tulkataan suomesta tai suomeen. Tulkkausta on kuitenkin käytetty vähemmän kuin olisi mahdollista. Tämä koskee erityisesti suomalaisten virkamiesten osallistumista EU-kokouksiin. Unioni muutti 2004 tulkkausten kustannusten jakoa unionin ja jäsenmaiden kesken, minkä jälkeen oli mahdollista rahoittaa muita menoja säästämällä tulkkauksesta. Suomi oli yksi niistä maista, jotka tuolloin vähensivät tulkkauksen määrää. Se, että suomalaiset eivät käytä tulkkausta, saattaa vaikuttaa heidän käsitykseensä EU-käännöksistä. Suomalaiset lukevat kokouksissa käsiteltävät tekstit yleensä englanniksi ja puhuvat kokouksissa myös itse englantia. Puolet suomalaisille virkamiehille tehtyyn kyselyyn vastanneista sanoo, ettei ole saanut tulkkausta suomesta tai suomeen niin usein kuin olisi halunnut. Samojen virkamiesten mielestä suomenkieliset EU-tekstit ovat tavallisesti vaikeaselkoisempia kuin samojen tekstien muunkieliset versiot tai vastaavat suomalaiset tekstit [14]. Myös säädösten kansallisessa täytäntöönpanossa koetaan olevan kielellisiä ongelmia [15]. Yhteistyötä EU-kääntäjien ja virkamiesten kesken onkin pyritty edistämään perustamalla EU-säädöskäännösverkosto.

Tulkkauksen käyttöön vaikuttaa todennäköisesti myös se, että Suomessa arvostetaan hyvin suuresti vieraiden kielten taitoa. Tiedotusvälineet kiinnittävät huomiota poliitikkojen kielitaitoon, esimerkiksi ministerien kykyyn selvitä puhetilanteista englanniksi. Suomen kielen käyttöä pidetään helposti kyvyttömyytenä käyttää vierasta kieltä sen sijaan, että se nähtäisiin yhtenä tapana osoittaa suomen kielen statusta unionin virallisena kielenä. Myöskään yhteys kielen käytön ja sen kehittymisen välillä ei tule aina niiden mieleen, jotka pragmaattisista syistä valitsevat englannin: mitä useammat asiantuntijat

käyttävät kieltä, sitä parempia ja luontevampia ilmauksia siihen muodostuu – ja päinvastoin.

Kieliteknologiaa voitaisiin käyttää nykyistä suuremmassa määrin avuksi. Esimerkiksi laajapohjaisemmat ja nopeammin päivittyvät esimerkiksi hallinnon termien ja fraasien tietokannat olisivat varmasti avuksi sekä kääntäjille ja tulkeille että virkamiehille, joskin niiden luotettavuus pitäisi myös voida varmistaa. Konekääntäminen suomeen tai suomesta vaatisi lisää panostusta, jotta siinä päästäisiin työntekoa hyödyttävälle laatutasolle.

3.7 SUOMEN KIELI JA INTERNET

Tietokonetta käyttävien suomalaisten talouksien lukumäärä nousi tasaisesti vuosina 2000–2009 alun 47 prosentista peräti 81 prosenttiin [16]. Langallisten laajakaistaliittymien osalta Suomi oli rankilistalla 31 maan joukossa sijalla 15 vuonna 2009, jolloin Suomessa oli yhteensä 1 407 500 liittymää [17] ja langattomien yhteyksien osalta Suomi oli sijalla 20 yhteensä 29 maasta noin 1 182 300 liittymällä [18].

Tilastokeskuksen mukaan 86 prosenttia kansalaista käyttää Internetiä ja käyttäjien joukossa ikäihmiset näyttävät ottavan nuorempiaan kiinni hämmästyttävää vauhtia; 64–74 -vuotiaiden osalta tilastot osoittavat 10 prosentin vuosittaista kasvuvauhtia. Useimmat suomalaiset tarvitsevat Internetiä päivittäin pankkiasioiden hoitamiseen (72 %), sosiaalisten yhteyksien ylläpitoon sähköpostin avulla (77 %) ja tiedon etsimiseen hyödykkeistä ja tavaroista (74 %). Tavallista on myös hakea tietoa viranomaisista ja tarjolla olevista palveluista, ja yhä useimmin ihmiset lähettävät erilaisten lomakkeiden avulla viranomaisille tarvittavia tai pyydettyjä tieto- ja Internetin kautta. 74 % väestöstä katselee uutisia tai televisio-ohjelmia Internetissä [19].

Kansalliskirjasto dokumentoi suomalaisten verkkosivujen sisältöä. Tämä tehtävä on lakisääteinen. Kirjaston eräs tehtävä on myös digitoida painotuotteita ja sen vuonna 2010 raportoima digitoitujen sivujen lukumäärä oli 1 064 000. FinElib-kirjasto, jossa on tarjolla artikkeleita ja muita lisensoituja aineistoja sähköisessä muodossa rekisteröi tuolloin 68 900 000 käyntiä ja 196 600 000 latausta käyttäjän koneelle [20].

Sosiaalinen media valtaa nopeasti alaa Suomessa. Vuonna 2010 peräti 42 % suomalaisista on rekisteröitynyt käyttäjäksi ainakin yhteen yhteisöperustaiseen sovellukseen (Facebook, Twitter jne.). Kaksi kolmasosaa heistä vierailee ryhmissä päivittäin. Googlen Analytics-ohjelman mukaan Suomen suosituin kysely sen hakukoneessa vuoden 2004 jälkeen on ollut Facebook, YouTube on hyvällä kakkossijalla ja sen jälkeen listalla seuraavat Iltalehti ja Iltasanomat. Keskusteluryhmät kuten irc ja suomi24 ovat myös suosittuja ja niitä haetaan Googlen kautta tasaisesti. Alexan raportin mukaan Google on Suomen suosituin sivusto, mikä osoittaa, että muut hakukoneet eivät ole saaneet juurikaan jalansijaa Suomessa [21].

Viestintävirasto (Ficora) pitää lukua Suomessa rekisteröidyistä .fi-verkkotunnuksista ja tietyn ajanjakson tilanteen kehittymistä voi seurata Ficoran sivuilla. Esimerkiksi kymmenisen vuotta sitten tammikuussa 2000 rekisteröitiin kuukauden kuluessa kaikkiaan 357 uutta .fi-verkkotunnusta kun taas vuonna 2011 niitä rekisteröitiin 164 kappaletta yhden ainoan päivän (5.4.) aikana. Rekisteröityjä .fi-verkkotunnuksia on jo yli 270 000 ja Googlen hakutulosten mukaan muita suomenkielisiä verkkosivustoja on noin 110 000. Suomenkielisiä verkkosivustoja on näin lähes 300 000.

Kieliteknologian kannalta Internetin kasvava merkitys on tärkeää kahdella tavalla. Valtava digitaalisessa muodossa oleva kieliaines on loppumaton kielen käytön tutkimusaineisto ja tarjoaa mahdollisuuksia erityisesti tilastollisille lähestymistavoille. Toisaalta Internet tarjoaa myös laajan sovellusalueen kieliteknologialle.

Suomessa oli lähes 1,5 miljoonaa laajakaistaliittymää vuonna 2009.

Useimmin käyttämämme verkkosovellus on ilman muuta hakukone, joka edellyttää kielen automaattista prosessointia monellakin tasolla, kuten tämän raportin toisessa osiossa tarkemmin nähdään. Hakukone käyttää pitkälle vietyä kielikohtaista kieliteknologiaa. Suomen kielessä tämä tarkoittaa esimerkiksi sanojen *kuusi* (numero) ja *kuusi* (havupuu) monimerkityksisyyden ratkaisemista.

Suomi on muiden Euroopan valtioiden tavoin ilmaissut selkeästi poliittisen tavoitteensa varmistaa, että sen kaikkien kansalaisten yhtäläiset oikeudet toteutuvat. Sitra julkaisi jo vuonna 1998 raportin "Kohti esteetöntä tietoyhteiskuntaa", jonka mukaan tietoyhteiskunnan tulee olla avoin kaikille kansalaisille, jotka haluavat etsiä palveluita, tietoa ja viihdettä, toimia verkossa interaktiivisesti, osallistua yhteiskunnan päätöksentekomekanismeihin myös mobiilisti, kehittää itseään ja työskennellä kaikkialla ja kaikkina aikoina. Raportti korostaa teknologian mahdollisuuksia tarjota tukea erityisryhmille jokapäiväisistä toimista selviytymiseen, mutta siinä painotetaan myös, että Suomessa tietotaito oli vielä vuonna 1997 pirstaleista, eikä markkinoille vieläkään ilmesty riittävästi käytännön sovelluksia ja tuotteita vastaamaan kasvavaan kysyntään. Kieliteknologian ansiosta käytettävissä on arvokkaita apuvälineitä, kuten puhesynteesi ja Braillen näyttö, joka on optinen lukija ja tekstistä puheeksi kääntävä sovellus yhdessä. Sen avulla näkövammainen henkilö voi lukea tai kuunnella esimerkiksi sanomalehtiä. Tarvitaan poliittista sitoutumista, yhteistyötä ja keskeisten toimijoiden vuorovaikutusta kohti rajoituksista vapaata yhteiskuntaa [22].

Julkisten virastojen tulee varmistaa, että erityisryhmiin kuuluvat henkilöt voivat käyttää niiden verkkosivuja ilman rajoitteita. Käyttäjäystävälliset kieliteknologiasovellukset tarjoavat ratkaisuksi esimerkiksi puhesynteesisovelluksen näkövammaisten käyttöön.

Internetin käyttäjät ja sisällöntuottajat voivat hyötyä kieliteknologiasta myös vähemmän ilmeisin tavoin, esimerkiksi kun sitä hyödynnetään verkon sisällön automaattisessa kääntämisessä kielestä toiseen. Ottaen huomioon sisältöjen automaattisen kääntämisen tarjoamat kustannussäästöt, on käyttökelpoista kieliteknologiaa kehitetty ja aktiivisessa käytössä hämmästyttävän vähän verrattuna oletettuun tarpeeseen. Suomen kielen kompleksisuus saattaa olla eräs taustatekijä samoin kuin tyypillisissä sovelluksissa tarvittavien teknologioiden määrä. Seuraavassa osiossa esitellään katsaus kieliteknologiaan ja sen keskeisiin sovellusalueisiin sekä kieliteknologian nykytilanteen arviointi suomen kielen osalta.

4

KIELITEKNOLOGIAN SUOMEN KIELEN TUKI

Kieliteknologiat ovat ohjelmistojärjestelmiä, jotka on suunniteltu käsittelemään ihmiskieliä ja niitä kutsutaankin toisinaan myös "luonnollisten kielten kieliteknologioiksi". Puhe on vanhin ja ihmisen evoluution näkökulmasta luonnollisin kielellisen viestinnän muoto. Se on luonteeltaan ajallista ja toimii parhaiten ihmisten välitöntä keskinäistä vuorovaikutusta edellyttävissä tilanteissa. Kompleksinen, säilytettäväksi tarkoitettu tieto on länsimaisessa yhteiskunnassa pääosin tallennettu kirjalliseen muotoon ja teksti onkin tavallisin tiedonvälityksen kanava. Puhe- ja tekstiteknologiat käsittelevät tai tuottavat kielen eri muotoja, vaikka molemmissa tarvitaan apuna sanakirjoja, kielioppisääntöjä ja tietoa merkityksestä.

Kuvassa 1 esitetään kieliteknologian kentän osa-alueet. Yhdistämme kielellisen viestinnän muihin viestinnän ja informaation tuottamisen tapoihin, esimerkiksi puhe voi sisältää eleitä ja kasvonilmeitä. Sähköisessä muodossa olevat tekstit taas linkittyvät kuviin ja ääniin – elokuvien kieli voi esimerkiksi olla sekä puhutussa että kirjoitetussa muodossa. Puheteknologiat ja tekstiteknologiat limittyvät siten keskenään ja ovat vuorovaikutuksessa muiden teknologioiden kanssa, jotka mahdollistavat multimodaalisen kommunikaation ja multimediatiedostojen tuottamisen.

Seuraavassa tarkastellaan kieliteknologian tärkeimpiä sovellusaloja, toisin sanoen kielentarkistusta, hakukonetta, puhesovelluksia ja konekääntämistä. Sovelluksia ja perusteknologioita ovat mm.

- oikeinkirjoituksen tarkistus
- kirjoittajan apuvälineet
- tietokoneavusteinen kielenoppiminen
- tiedonhaku
- tiedon eristäminen
- lyhennelmän tuottaminen tekstistä
- kysymysvastausjärjestelmä
- puheentunnistus ja
- puhesynteesi.

Kieliteknologia on vakiintunut tutkimusala. Peruskirjallisuutta ovat muun muassa seuraavat viitteet: [23, 24, 25, 26, 27].

Ennen sovellusalojen esittelyä kuvataan tyypillisen kieliteknologiajärjestelmän arkkitehtuuri lyhyesti alla.

4.1 SOVELLUSARKKITEHTUURIT

Kielenkäsittelyn sovellusohjelmat koostuvat tavallisesti useista komponenteista, jotka kuvastavat kielen eri ominaisuuksia. Kuva 2 esittää tyypillisen tekstinkäsittelyn arkkitehtuurin yksinkertaistetussa muodossa. Ensimmäiset kolme moduulia kuvaavat tekstinsyötön rakennetta ja tarkoitusta:

1. Esiprosessointi puhdistaa dataa, analysoi tai poistaa muotoiluja, päättelee lähtökielen, jne.

2. Kieliopillinen analyysi etsii lauseiden verbit, objektit, määreet ja muut lauseenjäsenet ja päättelee virkerakenteen.

3. Semanttinen analyysi suorittaa yksikäsitteistämisen (laskee sanojen oikean merkityksen tietyssä käyttöympäristössä), ratkaisee viittaussuhteet (selvittää

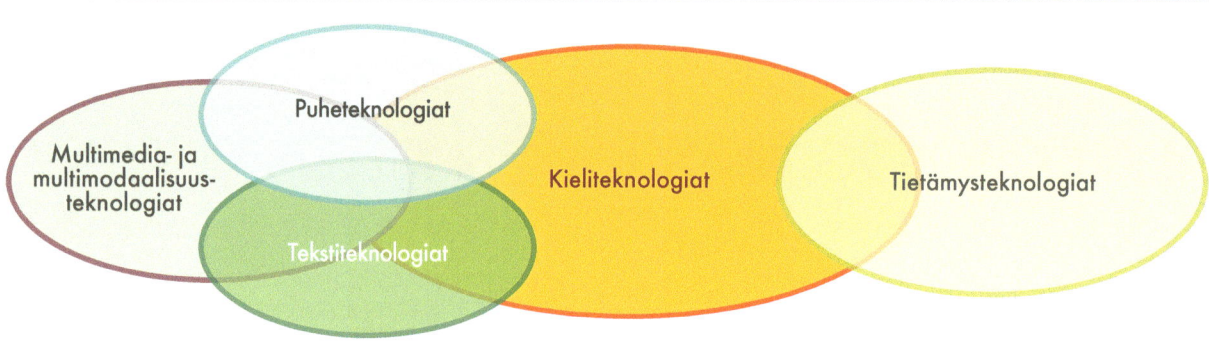

1: Kieliteknologia kontekstissa

mm. virkkeen pronominien viittaukset substantiiveihin) ja korvaavat ilmaukset, sekä tuottaa virkkeen merkitysrakenteen koneen luettavassa muodossa.

Tekstin analyysin jälkeen tehtäväkohtaiset moduulit pääsevät suorittamaan muita operaatioita, kuten automaattista lyhennelmien tuottamista ja tietokantahakuja. Seuraavassa esitellään ensin kieliteknologian keskeiset sovellusalat. Sen jälkeen kuvataan lyhyesti kieliteknologian tutkimuksen ja opetuksen tilanne maassamme sekä tärkeimmät jo päättyneet ja käynnissä olevat tutkimusohjelmat. Lopuksi kartoitetaan asiantuntijoiden arvioita keskeisistä kieliteknologian työkaluista ja kieliaineistoista useiden kriteerien valossa, joita ovat esimerkiksi saatavuus, valmiusaste ja laatu. Yhteenveto arvioita suomen osalta esitetään taulukon muodossa (kuva 8). Lisäksi suomen kielen kieliteknologian tilanne suhteutaan tämän sarjan muihin kieliin.

4.2 KESKEISET SOVELLUSALAT

Tässä osiossa keskitytään tärkeimpiin kieliteknologisiin työkaluihin ja kieliaineistoihin ja luodaan katsaus kieliteknologiaan Suomessa. Lihavoidut työkalut ja aineistot löytyvät myös kuvasta 8 (s. 30) luvun lopussa.

4.2.1 Kielentarkistus

Useimmat tekstinkäsittelyohjelmia käyttäneet tietävät, että oikeinkirjoituksen tarkistin tuo esiin kirjoitusvirheet niitä korostamalla ja ehdottaa niihin korjauksia. Ensimmäiset oikeinkirjoitusta tarkistavat ohjelmat vertasivat tekstistä irrotettuja sanoja sanakirjaan. Tarkistimet ovat niistä ajoista kehittyneet, ne tunnistavat jo kielikohtaisten **kieliopillisen analyysin** algoritmien avulla sanojen morfologiasta johtuvia virheitä tekstissä (esim. monikon muodostus) ja syntaktisia ongelmia, kuten puuttuvan verbin tai kongruenssivirheen (*me *kirjoit-*

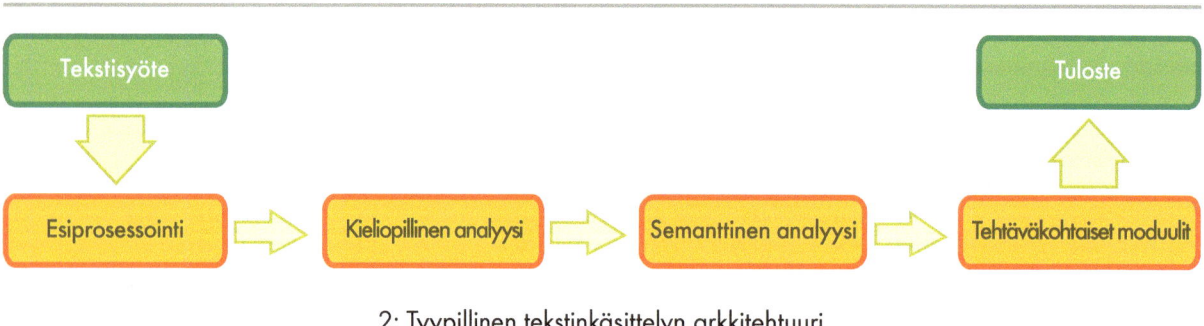

2: Tyypillinen tekstinkäsittelyn arkkitehtuuri

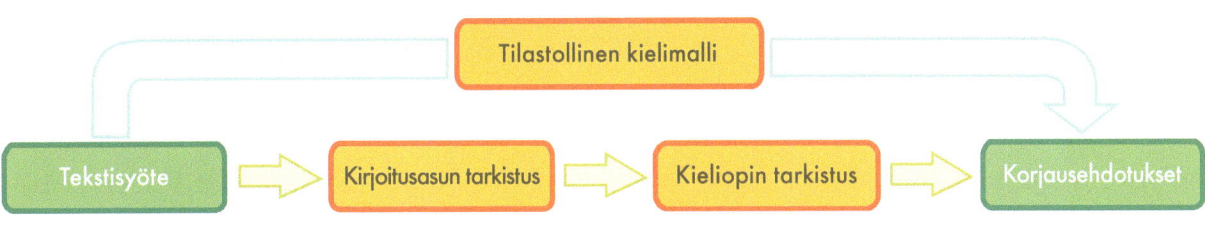

3: Kielentarkistus (tilastollinen; sääntöpohjainen)

taa kirjeen). Useimmat englannin oikeinkirjoituksen tarkistimet eivät kuitenkaan löydä virheitä seuraavasta englanninkielisestä tekstistä [28]:

I have a spelling checker,
It came with my PC.
It plane lee marks four my revue
Miss steaks aye can knot sea.

Tämänkaltaisten virheiden löytyminen edellyttää yleensä tietoa käyttöympäristöstä, esimerkkinä sen päättäminen, tulisiko sanan alkaa isolla kirjaimella vai ei:

Muista ottaa kaneli mukaan.

Muista ottaa Kaneli mukaan.

Vastaavissa tapauksissa tarvitaan joko kielikohtaisten **kielioppien** muotoilemista, toisin sanoen paljon kielitieteellistä osaamista ja käsityötä, tai vaihtoehtoisesti voidaan käyttää apuna tilastollisia kielimalleja laskemaan, millä todennäköisyydellä tietyn sanan voidaan odottaa esiintyvän juuri tietyssä ympäristössä sitä edeltävien tai seuraavien sanojen yhteydessä. *Kaneli* esimerkiksi esiintyy paljon todennäköisemmin ainesanana kuin erisnimenä. Tilastollinen kielimalli voidaan johtaa aineistosta automaattisesti, kunhan käytettävissä on tarpeeksi suuri määrä (virheetöntä) kieliainesta, eli tehtävään soveltuva **tekstikorpus**. Tähän asti tilastollisia malleja on enimmäkseen kehitetty ja arvioitu englanninkielistä kieliainesta varten. Mallit eivät kuitenkaan ole siirrettävissä suoraan suomen kielen käsittelyyn, johtuen mm. suomen suhteellisen vapaasta sanajärjestyksestä, yhdyssanojen muodostuksesta ja sanojen taipumisesta.

Kielentarkistustoiminto ei sisälly ainoastaan tekstinkäsittelyohjelmiin, vaan se löytyy myös kirjoittajan apuvälineistä, vaikkapa ohjelmista, joiden avulla kirjoitetaan käsikirjoja ja muuta dokumentaatiota noudattaen tietyn erikoisalan, esimerkiksi terveydenhuollon tai rakennustekniikan, usein monimutkaisia standardeja. Lähdettyään kansainvälisille markkinoille kääntämisen ja lokalisoinnin avulla monet yritykset ovat alkaneet panostaa entistä enemmän teknisen dokumentoinnin laatuun. Ne haluavat välttyä asiakkaiden valituksilta ja vahingonkorvausvaatimuksilta, jotka ovat usein tulosta huonosti ymmärretyistä ohjeista johtuvasta tuotteen virheellisestä käytöstä. Luonnollisen kielen käsittelyn edistyminen on tuottanut parempia kirjoittajan apuvälineitä, jotka auttavat teknisen dokumentaation kirjoittajaa valitsemaan alan käytänteitä ja yrityksen terminologisia valintoja noudattavia termejä ja lauserakenteita.

Kielentarkistus on myös kirjoittajan apuväline.

Suomessa on historiallisista syistä kehittynyt useita pieniä kieliteknologiayrityksiä ja palveluntarjoajia, joiden tuotteet perustuvat moniin kielimalleihin. Suomen kieli on haastava kieli mallinnettavaksi, tai kuten Antti Arppe asian vuonna 2002 ilmaisi: "Kun esimerkiksi englantia varten pystyy kehittämään yksinkertaisen kielenkäsittelyohjelmiston kuten oikolukijan käytännössä listaamalla ja kompressoimalla yleisimmät sata tuhatta sanaa, suomen kohdalla pitäisi samaa tekniikkaa noudattaen listata jos ei satoja niin vähintään kymmeniä miljoonia eri sanamuotoja, jotta vastaava oikolukija olisi yhtä kattava." [29] 1980-luvun loppupuolelta alkaen on seuraavilla kieliteknologiayrityksillä ollut tuotevalikoimissaan kielentarkistusohjelmia: nykyisin sanakirjoihin erikoistunut Kielikone, kielen analyysin työkaluja tarjoava Connexor, itseorganisoituvia karttoja (SOM) hyödyntävä Gurusoft ja Lingsoft, joka tarjoaa laajan valikoiman tuotteita suomen kielelle.

Kielentarkistus on tärkeää oikeinkirjoituksen tarkistinten ja kirjoittajan apuvälineiden lisäksi tietokoneavusteisessa kielenoppimisessa. Kielentarkistuksen sovellukset voivat myös automaattisesti korjata hakukoneiden hakulausekkeita, jolloin esimerkiksi Google ehdottaa sopivia hakutuloksia myös sellaisten sanojen perusteella, joissa on jokin kirjoitusvirhe.

4.2.2 Hakukoneet

Tiedon hakeminen verkosta, suljetusta intranetistä tai sähköisistä kirjastoista on todennäköisesti eniten käytetty, mutta vielä kehitysasteella oleva kieliteknologinen sovellus. Googlen hakukone, joka aloitti toimintansa vuonna 1998 käsittelee tänään noin 80% kaikista hakukyselyistä [30]. Suomen puhekieleen on ilmestynyt uusi verbi *guuglata*, jolle ei vielä ole vakiintunutta kirjoitusasua. Google korjaa nykyisin kirjoitusvirheen sisältävän hakusanan kirjoitusasun automaattisesti, ja kyselyissä hyödynnetään merkityksen analysointia. Osumatarkkuus paranee, kun termien merkitys määritellään niiden käyttöympäristön perusteella [31]. Googlen menestystarina osoittaa, että kun käytettävissä on suuria määriä materiaalia ja tehokkaat indeksointitekniikat, tuottaa tilastolliseen malliin perustuva menetelmä tyydyttäviä tuloksia.

Kehittyneempiä tiedonhakutarpeita varten on syytä yhdistää syvempi kielitieteellinen tietämys **semanttiseen analyysiin**. Kokeilut, joissa on hyödynnetty **leksikaalisia resursseja** kuten koneluettavat käsitesanakirjat tai ontologiapohjaiset kieliresurssit (esim. FinnWordNet) ovat osoittaneet edistymistä osumatarkkuudessa, kun niiden avulla on voitu hyödyntää alkuperäisten hakusanojen ja termien synonyymejä, kuten *atomienergia, atomivoima* ja *ydinenergia* ja myös vähemmän toisiinsa sidoksissa olevia termejä voidaan hyödyntää.

Tulevaisuuden hakukoneet perustuvat kehittyneempään kieliteknologiaan.

Seuraavan hakukoneiden sukupolven on syytä perustua paljon kehittyneempään kieliteknologiaan, kun tavoitteena on pystyä vastaamaan myös hakukyselyyn, joka muodostuu avainsanojen sijaan kysymyksestä. Löytääkseen vastauksen kyselyyn "Anna lista kaikista yrityksistä, jotka jokin toinen yritys on ostanut viimeisen viiden vuoden aikana", kieliteknologisen järjestelmän tulee analysoida virkkeen rakenne ja merkitys sekä tuottaa indeksi oikeiden dokumenttien löytämiseksi riittävän nopeasti. Hyvän hakutuloksen tuottaminen edellyttää virkkeen kieliopillisen rakenteen analysointia, jotta järjestelmä osaa päätellä, että hakija tarvitsee tietoa ostetuista eikä muita ostaneista yrityksistä. Ilmaisun *viimeisen viiden vuoden* tulkintaa varten järjestelmän tulee pystyä päättelemään, mitkä vuodet ovat kyselyn ajankohtaan nähden relevantteja. Ja lopulta on verrattava hakukyselyä valtavaan määrään rakenteistamatonta tietoainesta, jotta löytyy juuri hakijan tarvitsema palanen tietoa. Tiedonhakuprosessi sisältää siten relevanttien dokumenttien löytämisen ja järjestämisen paremmuusjärjestykseen. Tuottaakseen listauksen yrityksistä järjestelmän täytyy myös tunnistaa tietty merkkijono tai sanajono dokumentissa yrityksen nimeksi. Tätä kutsutaan nimellä "named entity recognition".

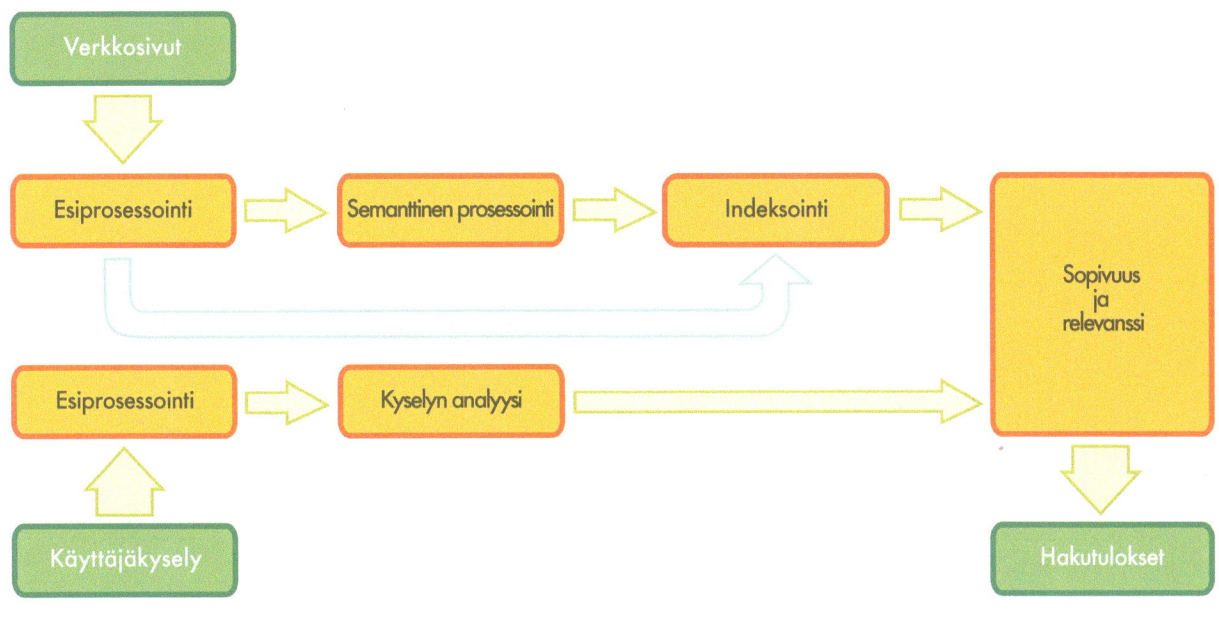

4: Haku verkossa

Vaativampi haaste on tietynkielisen kyselyn yhdistäminen muunkielisiin dokumentteihin. Kieltenvälinen tiedonhaku sisältää kyselyn automaattisen kääntämisen kaikille mahdollisille lähtökielille ja sen jälkeen tulosten kääntämisen takaisin kohdekielelle.

Tietoa varastoidaan nykyisin entistä enemmän muutoinkin kuin tekstinä. Tarvitaan multimediatiedonhakua, kun etsitään kuvia, äänitiedostoja ja videomateriaalia. Ääni- ja videotiedostojen käsittelyssä puheentunnistuksen moduulin tulee muuntaa puheaines tekstiksi (tai foneettiseen muotoon), jotta sitä voidaan verrata käyttäjän kyselyyn.

Suomessa on vain muutama aktiivisesti hakuteknologioita kehittävä ja soveltava pienyritys. Gurusoft on erikoistunut kielestä riippumattomiin itseorganisoituviin karttoihin (SOM) ja soveltaa niihin perustuvia menetelmiä tiedonhaun tehtäviin, mutta yrityksen Docunaut-tuote on kehitetty asiakkaiden sisäisten intranettien kyselyihin maailmanlaajuisen Internetin sijaan. Raportin kirjoittamisen aikaan ei Suomessa ole vireillä laajamittaisia hakukoneteknologiaprojekteja.

4.2.3 Puheteknologia

Puheeseen perustuva vuorovaikutus kuuluu sovellusaloihin, jotka tarvitsevat puheteknologiaa eli teknologioita, joilla käsitellään puhuttua kieltä. Puheeseen pohjautuva koneen käyttö ei tapahdu graafisella näytöllä, näppäimistöllä tai hiirellä vaan puhutulla kielellä.

Puheteknologioita tarvitaan, kun halutaan kommunikoida koneen kanssa puheen avulla.

Puhekäyttöliittymiä (Voice User Interface, VUI) käytetäänkin nykyään usein osittain tai täysin automatisoiduissa puhelinpalveluissa. Erityisen paljon niitä hyödyntäviä aloja ovat rahoitus, hankinta-ala, julkinen liikenne ja tietoliikenne. Muita puhekäyttöliittymien sovelluskohteita ovat mm. ajoneuvojen navigointilaitteistot ja puhe graafisen näytön tai kosketusnäytön vaihtoehtona älypuhelimen ohjaamisessa.

Puhepohjaiseen vuorovaikutukseen kuuluu neljä aluetta:

1. Automaattinen **puheentunnistus** määrittelee, mitkä sanat todella sisältyvät tiettyyn äänten sekvenssiin käyttäjän tuottamassa puheessa.

2. Luonnollisen kielen ymmärtäminen käsittää puheeseen sisältyvän ilmaisun syntaktisen rakenteen analyysin ja sen tulkinnan kyseisen järjestelmän mukaisesti.

3. Dialoginhallinta päättelee, mihin toimenpiteisiin on syytä ryhtyä ottaen huomioon käyttäjän antama syöte ja järjestelmän toimintaperiaate.

4. **Puhesynteesi** muuttaa järjestelmän vastauksen ääneksi käyttäjää varten.

Eräs puheteknologiajärjestelmien haasteista on tunnistaa käyttäjän puheesta sanat oikein. Tämä merkitsee käytännössä käyttäjän puheilmausten rajoittamista siten, että mahdollinen syöte saa sisältää vain rajoitetun asiasanalistan jäseniä. Toinen vaihtoehto on luoda käsityönä kielimalleja, jotka kattavat suuren määrän luonnollisen kielenkäytön kokonaisia ilmauksia. Koneoppimisen teknologioiden avulla voidaan kielimallit myös tuottaa automaattisesti laajoista **puhekorpuksista**, jotka ovat puhutun kielen kokoelmia puheäänitiedostoineen ja tekstin transkriptioineen. Ilmausten rajoittaminen pakottaa kuitenkin ihmiset käyttämään puhekäyttöliittymää ennalta määritellyllä tavalla, mikä heikentää järjestelmän käytettävyyttä. Toisaalta kattavien kielimallien luominen, hienosäätö ja ylläpito nostavat kustannuksia. Puhekäyttöliittymät, jotka hyödyntävät kielimalleja ja heti alussa antavat käyttäjän kertoa asiansa joustavammin – ja aloittavat vaikkapa tervehtimällä asiakasta ilmauksella *Miten voin auttaa?* – ovat usein pitkälle automatisoituja ja siten käyttäjien helpommin hyväksyttävissä ihmisen korvaajaksi.

Yritykset tapaavat käyttää ammattipuhujien etukäteen äänittämää puhemateriaalia suoraan puhekäyttöliittymän tuottamiksi ilmauksiksi. Kun ilmaus on pysyvää laatua, eikä sen sanamuoto riipu käyttöympäristöstä tai käyttäjäkohtaisesta tiedosta, voi menetelmä tuottaa miellyttävän käyttäjäkokemuksen. Mutta tulos voi tuntua epäluonnolliselta, koska äänitiedostojen palaset on menetelmässä yksinkertaisesti liimattu yhteen. Uuden teknologian puhesynteesijärjestelmät ovat tässä suhteessa edeltäjiään parempia, kun luonnollisuus on otettu selkeämmin tavoitteeksi.

Puheteknologiasovellusten käyttöliittymien teknologiset komponentit ovat olleet laajan standardointityön kohteena kuluneen vuosikymmenen aikana. Puheentunnistuksen ja puhesynteesin markkinat ovat samalla keskittyneet. Viisi alan globaalia toimijaa ovat hallinneet G20-valtioiden (taloudellisesti kestävällä pohjalla olevien valtioiden) kansallisia markkinoita, joista yhdysvaltalainen Nuance ja italialainen Loquendo ovat olleet vahvoja Euroopan markkinoilla. Vuonna 2011 Nuance ilmoitti ostaneensa Loquendon, mikä osoittaa markkinoiden keskittyvän edelleen.

Puheteknologian tutkimusta on tehty Suomessa 1960-luvulta asti ja tuloksena on ollut kansainvälisestikin vaikuttavia tuotteita, esimerkiksi kannettava Synte 2 -puhesynteesi, joka kehitettiin silloisen Teknillisen korkeakoulun (nykyinen Aalto-yliopisto) akustiikan ja äänenkäsittelytekniikan laboratoriossa 1970-luvulla. Toinen esimerkki on 1980-luvulla kehitetty foneettinen kirjoituskone. Joitakin yksittäisiä puheteknologisia tuotteita on myös tuotu markkinoille 1990-luvun alun jälkeen, mutta niiden asiakaskunta on rajoittunut lähinnä erityisryhmiin. Sekä julkisella että yksityisellä sektorilla on panostettu merkittäviin tutkimus- ja kehityshankkeisiin, jotka alkavat tuottaa tulosta – niiden ansiosta on suomen kielelle nyt tarjolla useita sekä puheentunnistuksen että puhesynteesin teknologioita hyödyntäviä tuotteita, jotka yltävät samalle tasolle muille kielille tehtyjen tuotteiden kanssa. Useimmat suomalaiset kansainvälisellä tasolla toimivat puheteknologiayritykset tarjoavat suomen kielelle sekä puhesynteesiä että automaattista puheentunnistusta. Kaksi suomalaista yritystä, Bitlips Oy ja Timehouse Oy, tarjoavat suomen-

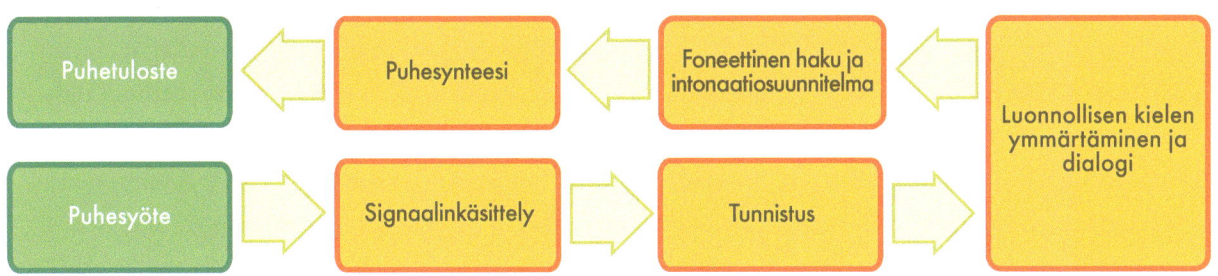

5: Puheeseen pohjautuva dialogijärjestelmä

kielistä puhesynteesiä. Lingsoft Oy sekä Suomen Puheentunnistus Oy ovat molemmat tuotteistaneet suomen kielen automaattisen puheentunnistuksen järjestelmiä ja ne tuottavat puhekäyttöliittymiä useille suomalaisille yrityksille.

Suomessa on käynnissä useita mittavia tutkimushankkeita sekä puhesynteesin että automaattisen puheentunnistuksen puolella. Pääosa tutkimuksesta tehdään Aalto-yliopistossa, Helsingin yliopistossa ja Tampereen teknillisessä korkeakoulussa. Isoin teollinen toimija puheentutkimuksen alueella Suomessa on perinteisesti ollut Nokia. Dialoginhallintaan liittyvän teknologian ja osaamisen saralla ei Suomessa ole pienyrityksiä, jotka tarjoaisivat alan tuotteita. Puheen vuorovaikutustekniikoiden alalla ei vielä ole aitoa markkinatilannetta.

Tulevaisuudessa on odotettavissa merkittäviä muutoksia älypuhelinten yleistyessä. Ne tarjoavat uuden alustan asiakassuhteiden ylläpitoon perinteisten viestimien, Internetin ja sähköpostin lisäksi, myös vuorovaikutteisten sovellusten kysyntä kasvaa. Pitkällä tähtäimellä puhelimeen sisältyviä puhekäyttöliittymiä tulee olemaan tarjolla vähemmän ja puheen rooli käyttäjäystävällisenä älypuhelimen komentokielenä tulee olemaan entistä paljon keskeisemmässä roolissa. Kehitystä tulee erityisesti vauhdittamaan puhujasta riippumattomien puheentunnistusmenetelmien tarkkuuden asteittainen paraneminen. Sanelujärjestelmiä on jo tarjolla älypuhelinten käyttäjille keskitettyinä palveluina.

4.2.4 Konekääntäminen

Idea tietokoneiden hyödyntämisestä luonnollisten kielten kääntämisessä syntyi jo vuonna 1946, ja ala sai merkittävää tutkimusrahoitusta heti 1950-luvulla ja uudelleen 1980-luvulla. Siitä huolimatta ei **konekääntämisen** (MT) alalla vielä tähän päivään mennessä ole pystytty saavuttamaan alkuperäistä tavoitetta kaikkien käytettävissä olevasta automaattisesta kääntimestä.

Konekääntämisen peruslähtökohta on korvata yhdellä luonnollisella kielellä kirjoitetun tekstin sanat automaattisesti toisen kielen vastineilla. Lähestymistapa voi olla hyödyllinen tapauksessa, jossa tekstit käsittelevät sellaisia aihealueita, joiden kieli on hyvin rajoittunutta ja muodollista, kuten esimerkiksi sääraportteja. Mutta kun tavoitteena on tuottaa laadukas käännös vähemmän standardoidusta aineksesta, on siirryttävä yhdistämään isompia tekstin yksiköitä niiden lähimpiin kohdekielen vastineisiin. Suurin ongelma syntyy luonnollisen kielen monimerkityksisyydestä. Se on haasteellista monella tasolla, kuten sanaston yksiköiden merkitysten disambiguointi eli yksikäsitteistäminen (*jaguaari* on sekä automerkki että kissaeläin) tai taivutuspäätteen tulkinta syntaksin tasolla, esimerkiksi:

Poliisi tarkkaili miestä mäellä.

Poliisi tarkkaili miestä kiikarilla.

Konekäännösjärjestelmiä voidaan rakentaa myös hyödyntämällä kielitieteellisiä sääntöjä. Kun kääntäminen tapahtuu sukukielten välillä, voi suoran korvaamisen menetelmä olla järkevä. Mutta sääntöpohjaiset (tai kielitieteelliseen tietoon pohjautuvat) järjestelmät usein analysoivat lähtötekstin ja luovat symbolisen representaation välivaiheen, josta kohdekielinen teksti voidaan sitten generoida. Näiden menetelmien toimivuus ja lopputuloksen laatu ovat täysin riippuvaisia siitä, onko saatavilla laajoja sanastoja, joihin morfologista, syntaktista ja semanttista tietoa on koodattu ja onko asiansa osaavien lingvistien koostamia laajoja kieliopillisten sääntöjen kokoelmia käytettävissä. Kokonaisuudessaan prosessi on pitkä ja tulee siksi usein kalliiksi.

Konekääntämisessä korvataan lähtökielen sanat automaattisesti kohdekielen sanoilla.

1980-luvun loppupuolella, kun tietokoneiden tehokkuus kasvoi ja tekniikka halpeni, kiinnostus konekääntämisen tilastollisia malleja kohtaan heräsi jälleen. Tilastolliset mallit ovat kehittyneet kaksikielisten tekstikorpusten analysoinnin pohjalta, esimerkkinä Europarl-**rinnakkaiskorpus**, joka sisältää Euroopan parlamentin puheenvuorot 21 eurooppalaisella kielellä. Kun aineistoa on tarpeeksi, tilastollinen konekäännin saavuttaa riittävän tarkkuuden tuottamalla vieraan kielen merkityksen likiarvoja. Se tuottaa todennäköisistä sanoista muodostuvia jatkumoita tekstien rinnakkaisista versioista. Mutta toisin kuin tietämykseen perustuvat järjestelmät, tilastolliset (tai aineistopohjaiset) konekääntimet tuottavat usein kieliopillisesti heikkoa tulosta. Aineistopohjaisen konekääntämisen hyöty syntyy siitä, että se edellyttää vähemmän inhimillistä työtä ja kattaa myös kielikohtaisia ominaispiirteitä (esim. idiomaattiset ilmaukset), jotka saattava jäädä ilman huomiota tietämyspohjaisissa järjestelmissä.

Tietämyspohjaisen ja aineistopohjaisen konekääntämisen vahvuudet ja heikkoudet tapaavat olla toisiaan täydentäviä, joten nykyisin tutkijat keskittyvät molemmat

menetelmät yhdistäviin hybridiratkaisuihin. On myös kokeiltu lähestymistapaa, jossa käytetään sekä tietämyspohjaisia että aineistopohjaisia järjestelmiä yhdessä, jolloin tarvitaan erillinen valintaosio tekemään valinta vaihtoehtoisista vastineiden välillä. Tulokset pidempien kuin noin 12 sanan virkkeiden osalta ovat usein vähemmän hyviä. Paremmaksi ratkaisuksi on osoittautunut parhaiden palojen yhdistäminen useammasta vastineeksi ehdotetusta virkkestä. Tällöin prosessi voi tosin olla suhteellisen monimutkainen, kun ei aina ole ilmeistä, mitkä palaset monista vaihtoehdoista parhaiten vastaavat toisiaan, ja palaset tulisi lisäksi pystyä kohdistamaan toisiinsa luotettavasti.

Konekääntäminen on erityisen haastavaa suomen kielen osalta.

Suomi ei ehtinyt mukaan ensimmäisen sukupolven konekäännöshankkeisiin, mutta tuli mukaan toisessa aallossa sääntöpohjaisen konekääntimen kehittämiseen 1980-luvulla. Pitkän tähtäimen kansallisesti rahoitettu tutkimus- ja kehityshanke Kielikone kehitti ensin tarpeelliset suomen kielen analyysityökalut ja käytti sitten niitä rakentaakseen sääntöpohjaisen suomi-englanti konekäännössovelluksen 1990-luvulla, josta sittemmin syntyi kaupallinen tuote. IBM Finland tutki omaan englannin jäsentimeensä perustuvaa englanti-suomi suuntaa 90-luvun vaihteessa, mutta projekti ei päässyt tuotantoon asti. Nykyisin Sunda, joka käyttää Kielikoneen teknologian pohjalta kehitettyä uudempaa sääntöpohjaista järjestelmää, myy suhteellisen hyvälaatuista englanti-suomi konekäännöstuotetta. Google ja Microsoft tarjoavat suomen tilastollista konekäännöstä, mutta laatu jää heikoksi johtuen suomen morfologian kompleksisuudesta sekä suhteellisen vapaasta sanajärjestyksestä, joka kuten yllä on todettu, on haaste nykyisille tilastollisille konekäännösjärjestelmille. Aalto-yliopistossa toimiva tutkimusryhmä työskentelee suo-

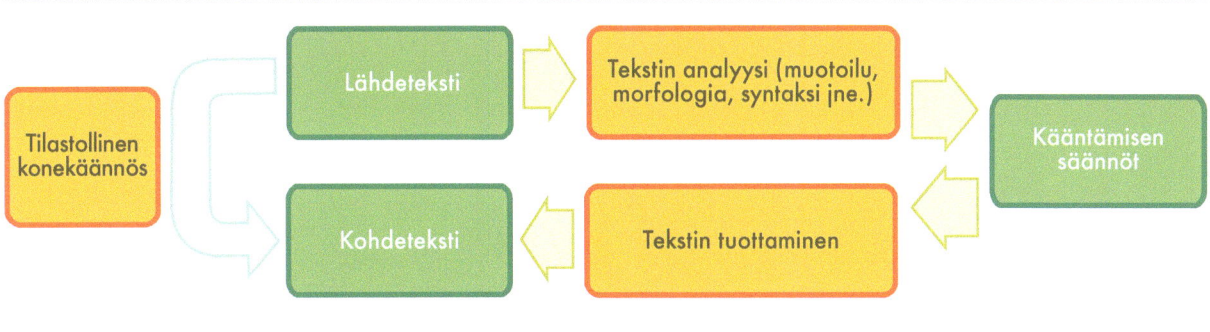

6: Konekäännös (tilastollinen; sääntöpohjainen)

men kielen morfologian ja tilastollisen konekäännöksen kysymysten parissa.

Konekäännösjärjestelmien laadun parantamisessa on jatkossa paljon potentiaalia. Haasteena ovat kieliresurssien sovittaminen tietyn alan tarpeisiin ja toisaalta teknologian integrointi työnkulun prosesseihin, joihin termitietokannat ja käännösmuistit jo sisältyvät. Lisäksi useimmat nykyisistä järjestelmistä ovat on tehty englannin kääntämistä varten, ja tukea löytyy vain harvalle kielelle suomesta tai suomeen käännettäessä. Käännöksen työnkulku monimutkaistuu, jos konekäännösohjelman käyttäjä joutuu opettelemaan erilaisia sanaston koodaustyökaluja eri järjestelmiä varten.

Konekäännösjärjestelmien arviointihankkeiden tulokset auttavat niiden laadun vertailussa, ne selventävät eri lähestymistapoja ja tarjoavat tietoa siitä, millaisessa tilanteessa eri kieliparit ovat. Kuva 7 sisältää Euromatrix+ -projektin aikana kootut tuolloin 22 virallisen EU-kielen tulokset kielipareittain (iiri ei ollut vertailussa mukana). Tulokset on arvioitu BLEU-pistein, joissa paremman käännöksen pistemäärä on aina korkeampi [32]. Ihminen saisi käännöstehtävästä keskimäärin 80 pistettä.

Parhaimmat pisteet (taulukossa vihreällä ja sinisellä värillä) saivat kielet, joihin on panostettu perustamalla yhteistyöprojekteja ja joiden tutkijoilla on käytössään useita rinnakkaiskorpuksia (esimerkkeinä englanti, ranska, hollanti, espanja ja saksa). Taulukossa on punaisella merkitty huonoimmat tulokset. Näiden kielten kehittämiseen ei joko ole panostettu hankerahoitusta tai ne ovat rakenteellisesti erityisen paljon muista tutkituista kielistä poikkeavia (esimerkkeinä unkari, malta ja suomi).

4.3 MUUT SOVELLUSALAT

Kieliteknologiajärjestelmät sisältävät usein paljon erilaisia piilossa olevia sovelluksia, joita järjestelmän käyttäjä ei havaitse, koska ne toimivat piilossa järjestelmän sisuksissa tuottaen kuitenkin käyttäjälle tärkeitä palveluja. Sovellusten kehitys edellyttää monitieteistä tutkimusta, ja monista sovelluksista onkin vähitellen kehittynyt oma erillinen tutkimushaaransa tietokonelingvistiikan kattokäsitteen alle.

Kieliteknologisten järjestelmien osat eivät aina näy käyttäjälle.

Esimerkiksi kysymysvastausjärjestelmien kehittäminen on aktiivinen tutkimusala, jonka puitteissa on rakennettu annotoituja kieliaineistoja ja järjestetty tieteellisiä kilpailuja. Kysymysvastausjärjestelmä on monimutkaisempi kuin asiasanapohjainen hakukysely, joissa hakukone tuottaa kysymykseen vastaukseksi listan valikoiman mahdollisesti hakua vastaavista kokonaisista dokumenteista. Sen käyttäjä voi tehdä konkreettisen kysy-

	EN	BG	DE	CS	DA	EL	ES	ET	FI	FR	HU	IT	LT	LV	MT	NL	PL	PT	RO	SK	SL	SV
							Kohdekieli – Target language															
EN	–	40.5	46.8	52.6	50.0	41.0	55.2	34.8	38.6	50.1	37.2	50.4	39.6	43.4	39.8	52.3	49.2	55.0	49.0	44.7	50.7	52.0
BG	61.3	–	38.7	39.4	39.6	34.5	46.9	25.5	26.7	42.4	22.0	43.5	29.3	29.1	25.9	44.9	35.1	45.9	36.8	34.1	34.1	39.9
DE	53.6	26.3	–	35.4	43.1	32.8	47.1	26.7	29.5	39.4	27.6	42.7	27.6	30.3	19.8	50.2	30.2	44.1	30.7	29.4	31.4	41.2
CS	58.4	32.0	42.6	–	43.6	34.6	48.9	30.7	30.5	41.6	27.4	44.3	34.5	35.8	26.3	46.5	39.2	45.7	36.5	43.6	41.3	42.9
DA	57.6	28.7	44.1	35.7	–	34.3	47.5	27.8	31.6	41.3	24.2	43.8	29.7	32.9	21.1	48.5	34.3	45.4	33.9	33.0	36.2	47.2
EL	59.5	32.4	43.1	37.7	44.5	–	54.0	26.5	29.0	48.3	23.7	49.6	29.0	32.6	23.8	48.9	34.2	52.5	37.2	33.1	36.3	43.3
ES	60.0	31.1	42.7	37.5	44.4	39.4	–	25.4	28.5	51.3	24.0	51.7	26.8	30.5	24.6	48.8	33.9	57.3	38.1	31.7	33.9	43.7
ET	52.0	24.6	37.3	35.2	37.8	28.2	40.4	–	37.7	33.4	30.9	37.0	35.0	36.9	20.5	41.3	32.0	37.8	28.0	30.6	32.9	37.3
FI	49.3	23.2	36.0	32.0	37.9	27.2	39.7	34.9	–	29.5	27.2	36.6	30.5	32.5	19.4	40.6	28.8	37.5	26.5	27.3	28.2	37.6
FR	64.0	34.5	45.1	39.5	47.4	42.8	60.9	26.7	30.0	–	25.5	56.1	28.3	31.9	25.3	51.6	35.7	61.0	43.8	33.1	35.6	45.8
HU	48.0	24.7	34.3	30.0	33.0	25.5	34.1	29.6	29.4	30.7	–	33.5	29.6	31.9	18.1	36.1	29.8	34.2	25.7	25.6	28.2	30.5
IT	61.0	32.1	44.3	38.9	45.8	40.6	26.9	25.0	29.7	52.7	24.2	–	29.4	32.6	24.6	50.5	35.2	56.5	39.3	32.5	34.7	44.3
LT	51.8	27.6	33.9	37.0	36.8	26.5	21.1	34.2	32.0	34.4	28.5	36.8	–	40.1	22.2	38.1	31.6	31.6	29.3	31.8	35.3	35.3
LV	54.0	29.1	35.0	37.8	38.5	29.7	8.0	34.2	32.4	35.6	29.3	38.9	38.4	–	23.3	41.5	34.4	39.6	31.0	33.3	37.1	38.0
MT	72.1	32.2	37.2	37.9	38.9	33.7	48.7	26.9	25.8	42.4	22.4	43.7	30.2	33.2	–	44.0	37.1	45.9	38.9	35.8	40.0	41.6
NL	56.9	29.3	46.9	37.0	45.4	35.3	49.7	27.5	29.8	43.4	25.3	44.5	28.6	31.7	22.0	–	32.0	47.7	33.0	30.1	34.6	43.6
PL	60.8	31.5	40.2	44.2	42.1	34.2	46.2	29.2	29.0	40.0	24.5	43.2	33.2	35.6	27.9	44.8	–	44.1	38.2	38.2	39.8	42.1
PT	60.7	31.4	42.9	38.4	42.8	40.2	60.7	26.4	29.2	53.2	23.8	52.8	28.0	31.5	24.8	49.3	34.5	–	39.4	32.1	34.4	43.9
RO	60.8	33.1	38.5	37.8	40.3	35.6	50.4	24.6	26.2	46.5	25.0	44.8	28.4	29.9	28.7	43.0	35.8	48.5	–	31.5	35.1	39.4
SK	60.8	32.6	39.4	48.1	41.0	33.3	46.2	29.8	28.4	39.4	27.4	41.8	33.8	36.7	28.5	44.4	39.0	43.3	35.3	–	42.6	41.8
SL	61.0	33.1	37.9	43.5	42.6	34.0	47.0	31.1	28.8	38.2	25.7	42.3	34.6	37.3	30.0	45.9	38.2	44.1	35.8	38.9	–	42.7
SV	58.5	26.9	41.0	35.6	46.6	33.3	46.6	27.4	30.9	38.9	22.7	42.0	28.2	31.0	23.7	45.6	32.2	44.2	32.7	31.3	33.5	–

7: Konekäännös 22 EU-kielen välillä – Machine translation between 22 EU-languages [32]

myksen ja saada siihen järjestelmältä suoran ja yhden ainoan vastauksen. Esimerkiksi:

Kysymys: Miten vanha Neil Armstrong oli astuessaan kuun pinnalle?
Vastaus: 38.

Vaikka kysymysvastausjärjestelmät ovat selvästi osa hakukyselyjen ydintä, se kattaa monenlaisia tutkimuskysymyksiä, kuten esimerkiksi mitä eri kysymystyyppejä kielissä on, ja miten niitä pitäisi käsitellä; miten tietyn kokoelman dokumentteja voidaan analysoida ja verrata toisiinsa, jotta saadaan selville, sisältävätkö ne toisiinsa nähden ristiriitaisia vastauksia kysymykseen; ja miten hyödyntämällä tietoa aihealueesta tietty tiedon palanen (vastaus) voidaan löytää dokumentista luotettavalla tavalla.

Tutkimuskohteena kysymykset liittyvät myös tiedon eristämiseen (IE), joka saavutti tutkimusalana suosio-

ta, kun tietokonelingvistiikan painopiste siirtyi tilastollisten menetelmien tutkimukseen 1990-luvun alkupuolella. Tiedon eristämisen menetelmien tavoitteena on tunnistaa yksilöityjä tiedonpalasia rajatuista dokumenttityypeistä, kuten keskeisiä toimijoita yritysvaltauksissa sen perusteella, miten kaupoista on sanomalehtiartikkeleissa raportoitu. Raportit terrorismista muodostavat toisen tavallisen tutkimuskohteen, jolloin tehtävänä on yhdistää aito teksti prototyyppiin, jossa tapahtuman tekijä, kohde, ajankohta, sijainti ja seuraamukset määritellään. Alakohtainen mallintaminen on ominaista tiedon eristämiselle ja onkin toinen esimerkki järjestelmässä taka-alalla toimivasta hyvin rajattavissa olevan tutkimuksen sovelluksesta.

Lyhennelmän tuottaminen teksteistä ja **tekstin tuottaminen** yleensäkin ovat kaksi toisiinsa rajoittuvaa alaa, jotka voivat toimia joko itsenäisinä sovelluksina tai tukisovelluksina. Lyhennelmän tuottaminen pyrkii kopioimaan pitkän tekstin sisältämät oleelliset asiat tiiviiseen muotoon ja se on esimerkiksi eräs Microsoft Wordin toiminnoista. Sovellus käyttää pääasiassa tilastollista menetelmää tekstin keskeisten sanojen tunnistamiseen (toisin sanoen sanojen, jotka esiintyvät kyseisessä tekstissä hyvin usein verrattuna niiden esiintymistiheyteen kyseisessä kielessä yleensä) ja päättelee, mitkä virkkeet sisältävät eniten tällaisia keskeisiä sanoja. Kyseiset virkkeet eristetään ja liitetään toisiinsa tiivistelmän luomiseksi. Tässä varsin tavallisessa ja usein kaupallisessa sovelluksessa tiivistäminen on yksinkertaisesti virkkeiden eristämistä ja näin tiivistelmä muodostuu alkuperäisistä virkkeistä sellaisinaan. Vaihtoehtoinen ja jo jokin verran tutkittu lähestymistapa on täysin uudenlaisten virkkeiden generointi, jotka eivät esiinny sellaisinaan lähtötekstissä. Prosessi edellyttää tekstin syvempää ymmärtämistä, mikä tarkoittaa käytännössä myös sitä, että sovellus on ainakin toistaiseksi selvästi vähemmän vakaa. Tekstin tuottamisen sovellus on lopulta harvemmin käytössä itsenäisenä vaan useimmiten upotettuna laajempaan ohjelmistoympäristöön, kuten esimerkiksi lääketieteelliseen potilastietoja keräävään, säilyttävään ja prosessoivaan tietojärjestelmään. Raporttien tuottaminen on yksi lyhennelmän tuottamisen teknologian monista sovelluksista.

Useimpien suomen kielen tekstiteknologioiden tilanne on huonompi kuin englannin.

Useimpien tekstiteknologioiden tilanne on suomen kielen osalta paljon huonompi kuin englannin, jossa kysymysvastausjärjestelmät, tiedon eristäminen ja tekstin tiivistelmien tuottamisen menetelmät ovat 1990-luvun jälkeen olleet useiden avoimien kilpailujen aiheena. Kilpailuja on pääasiallisesti järjestänyt DARPA/ NIST Yhdysvalloissa ja niiden kautta on pystytty merkittävästi parantamaan alan tilannetta, mutta vain englannin kielen suhteen, suomen kieli kun ei ole ollut hankkeissa mu-

kana. Suomen kielestä ei siten myöskään ole tuloksena saatu annotoituja korpuksia tai muita resursseja. Puhtaasti tilastollisiin menetelmiin pohjautuvat tiivistämisjärjestelmät ovat usein riittävän riippumattomia kielestä, ja joitakin tutkimusprototyyppejä onkin saatavilla. Uudelleen käytettävät komponentit ovat tekstin tuottamisen puolella perinteisesti rajoittuneet pintamuotojen tuottamisen osioihin, ja jälleen suurin osa ohjelmista on tehty englantia varten.

4.4 KIELITEKNOLOGIAN OPETUS SUOMESSA

Kieliteknologia on monitieteinen ja poikkitieteellinen ala, ja sen hyvä hallinta edellyttää erikoistumisalasta riippuen muun muassa kielitieteen, puhetieteiden, tietojenkäsittelytieteen, matematiikan, filosofian ja kognitiotieteen asiantuntemusta. Kieliteknologiaa on voinut opiskella pääaineena Helsingin yliopistossa vuodesta 1994 alkaen ja oppiaine on ollut aktiivinen luomaan yhteistyökuvioita muiden yliopistojen kanssa tarjoten myös lähialojen kursseja opiskelijoille sekä kansallisella että kansainvälisellä tasolla. Kansallisen yhteistyön tuloksena perustettiin 10 yliopiston voimin vuonna 2001 kieliteknologian opetuksen KIT-verkosto ja yhteistyössä yliopistot loivat toimivan kurssien vaihtojärjestelmän ja yhteisen opetusohjelman. Muodollinen yliopistojen välinen sopimus päättyi vuonna 2007, mutta suomalaisissa yliopistoissa kirjoilla olevat opiskelijat voivat hakea tiedekunniltaan joustavien opintojen (JOO) opinto-oikeutta kieliteknologian kurssien suorittamiseen verkoston yliopistoissa. KIT-verkoston yliopistot ovat Aalto-yliopisto, Helsingin yliopisto, Itä-Suomen yliopisto, Jyväskylän yliopisto, Tampereen yliopisto, Tampereen teknillinen yliopisto, Turun yliopisto, Vaasan yliopisto, Oulun yliopisto ja Åbo Akademi. Vuosina 2006–2009 kieliteknologiasta riittävät perustiedot opiskellut opiskelija saattoi kandidaatintutkinnon suoritettuaan hakeutua maisteriopintoihin Helsingin yliopiston kieliteknologian oppiaineeseen. Maisteriohjelman opiskelijan oli mahdollista valita pääaineeksi kieliteknologia, puheteknologia tai käännösteknologia ja siihen soveltuvat kurssit yhteisestä kurssitarjonnasta. Vuonna 2009 muodollinen maisteriohjelma päättyi laitosrakenteiden uudistuessa. Kandidaattiopintojen ja maisteriopintojen eriytymisen myötä opiskelijat voivat hakeutua suorittamaan maisterivaihetta kieliteknologian oppiaineeseen ilman erityistä maisteriohjelmaa. KIT-tutkijakoulu toimi vuosina 2004–2009 osana uutta pohjoismaisen tutkijakoulutusyhteistyön tuloksena syntynyttä NGSLT-tutkijakoulua (Nordic Graduate School of Language Technology). KIT-tutkijakoulu sai kahdelle nelivuotiskaudelle viisi opetusministeriön rahoittamaa tutkijakoulupaikkaa ja vuonna 2010 se yhdistyi kielentutkimuksen LANGNET-tutkijakouluun sen yhdeksi osaohjelmaksi.

Kieliteknologian tutkijoiden riittävä määrällinen koulutus on monipuolisen tutkimuksen edellytys, joka puolestaan johtaa kaupallisten sovellusten onnistuneeseen tuotteistamiseen [33].

4.5 KANSALLISET HANKKEET

Suomen tärkeimmät tutkimusrahoittajat ovat Opetus- ja kulttuuriministeriön rahoittama Suomen Akatemia sekä Tekes – teknologian ja innovaatioiden kehittämiskeskus, jota rahoittaa Kauppa- ja teollisuusministeriö [34]. 1980-luvulla Suomen itsenäisyyden juhlarahasto Sitra rahoitti Kielikone-nimistä konekäännöshanketta. Tekesin tarjoama julkinen rahoitus on ollut perustutkimuksen tärkeä rahoituslähde ja se on toteutunut erityisesti kahden laajan teknologiaohjelman kautta USIX (Uusi käyttäjäkeskeinen tietotekniikka) 1999–2002 and FENIX (Vuorovaikutteinen tietotekniikka) 2003–2007.

USIX–teknologiaohjelman tavoitteena oli nostaa esiin tuotteiden ja teknologioiden käyttäjien ja kuluttajien tarpeita tarjoamalla suomalaisille yrityksille ja tutkimuslaitoksille rahoitusta niiden kehittämiseen. Ohjelman puitteissa tunnistettuja ydinteknologioita olivat suomen kielen puheentunnistus, laajojen aineistojen käsittely ja hakukäyttöliittymät. Ohjelman aikana rahoitusta sai 181 hanketta, joiden yhteenlaskettu volyymi oli 84 miljoonaa euroa, joista 44 miljoonaa tuli Tekesin kautta. 29 prosenttia hankkeista oli tutkimushankkeita. Esimerkkejä luonnollisen kielen USIX tutkimushankkeista ovat WEBSOM, jossa kehitettiin itseorganisoituvien karttojen (Self-Organizing Map, SOM) teknologioita ja GILTA tavoitteenaan laajojen tekstiainesten hallinta, INTERACT, STT Speech-to-Text (suomen kielen foneemisen puheentunnistuksen tutkimus ja kehitys), Suomen puheteknologian kentän yhteishanke SuoPuhe, Noise Robust Multilingual Speech Recognition, Dictionaries and language checking tools, ja Multilingual adaptative translation knowledge base, jotka toteutettiin useimpien suomalaisten yliopistojen ja useiden yritysten yhteistyönä. Monet kaupalliset USIX-ohjelman sisällä kehitetyt tuotteet ovat tänään saatavissa kaupallisilla markkinoilla [35].

FENIX–teknologiaohjelman puitteissa toteutettiin useita luonnollisen kielen käsittelyn hankkeita, joista esimerkkeinä mainittakoon FENIX 4M (Mobile and Multilingual Maintenance Man) ja FinnONTO (Semantic Web Ontologies) Helsingin yliopistossa, New methods and applications in speech processing ja Search-in-a-Box (Turun yliopisto), Rich semantic media for personal and professional users (VTT Teknillinen tutkimuskeskus) ja Intelligent Web Services (Helsinki School of Science and Technology), StatHouse Semantics and Automatic content classification and ontologies (Seerco Ltd) [36].

Viime vuosina puhesynteesin tutkimuksen Helsingin yliopiston ja Aalto-yliopiston yhteistyöhanke on ottanut huomattavia edistysaskeleita kehittäessään tilastollisiin Markovin piilomalleihin perustuvaa parametristä synteesiä ja uutta fysiologiseen tutkimukseen pohjautuvaa vokooderia hyödyntävää teknologiaa.

Suomessa toteutettuja EU-rahoitteisia projekteja 1980-luvun jälkeen ovat LR SIMPLE, LR PAROLE ja MLIS 5008 LINGMACHINE. Euroopan komissio rahoitti hankkeen CLARIN (Common Language Resources and Technology Infrastructure) ensimmäistä vaihetta vuosina 2008–2010. CLARIN-yhteistyö jatkuu. Hankkeen kansallisen FIN-CLARIN osuuden rahoituksesta vastaa Opetus- ja kulttuuriministeriö. FIN-CLARIN konsortio muodostuu seuraavista osapuolista: CSC Tieteen tietotekniikan keskus, Kotimaisten kielten keskus KOTUS, Itä-Suomen, Helsingin, Jyväskylän, Oulun, Tampereen ja Turun ja Vaasan yliopistot, Aalto-yliopisto ja Åbo Akademi. HFST (Helsinki Finite State Transducer Technology), OMor (Open Source Morphologies), FinnWordNet ja FinnTreeBank ovat esimerkkejä edelleen käynnissä olevista projekteista.

Helsingin yliopiston kieliteknologian oppiaine teki aktiivisesti myös pohjoismaista yhteistyötä vuosina 2000–2004 osallistumalla useisiin Pohjoismaisen ministerineuvoston NordForskin kautta rahoittamiin kieliteknologiaohjelman *Språgteknologiprogram* hankkeisiin. Suomen kieliteknologian dokumentointikeskus FiLT perustettiin keräämään tietoa kieliteknologian kaupallisista ja akateemisista toimijoista, tutkimuksesta, resursseista ja tuotteista sekä niiden saatavuudesta.

Kieliteknologian hankkeet, sekä päättyneet että käynnissä olevat, ovat mahdollistaneet kieliteknologisten työkalujen ja kieliaineistojen kehittymisen. Seuraavassa osiossa esitetään yhteenveto kieliteknologian työkaluista ja kieliaineistoista.

4.6 KIELITEKNOLOGISET TYÖKALUT JA KIELIAINEISTOT

Taulukossa 8 esitetään kieliteknologisten resurssien tämän hetkinen tilanne suomen kielen osalta. Työkalujen ja kieliaineistojen arvioinnin suorittivat alan asiantuntijat, jotka tuottivat arvioita resursseista skaalalla 0 (hyvin matala taso) – 6 (erittäin korkea taso) seitsemän kriteerin osalta. Keskeisimmät havainnot suomen kielen osalta voidaan tiivistää seuraavasti:

- Vaikka korkealaatuisia erityisalojen tekstikorpuksia onkin saatavilla, ei suomen kielestä vielä ole käytettävissä riittävän laajaa syntaktisesti annotoitua korpusta ja aineistojen standardointityö on vielä kesken. Kieliteknologian alan tuotekehitykseen Suomessa tarvitaan laajoja, ajantasaisia resursseja.

- Syntaktisen jäsentämisen työkaluja on useita ja ne perustuvat useisiin erilaisiin kielellisin malleihin. Yleisesti ottaen ne toimivat hyvin ottaen huomioon suomen kielen haastavat ominaispiirteet. Semantiikan tutkimus ei vielä ole johtanut kaupallisiin sovelluksiin.

- Puheteknologiassa suurimmat edistysaskeleet on otettu puheentunnistuksen alueella. Suomen kielen ominaispiirteistä johtuen ovat puheentunnistuksen edellyttämät sanalistat ja leksikot aikaisemmin olleet epäkäytännöllisen suuria. Puheteknologian tutkimusryhmä Teknillisessä korkeakoulussa (nykyinen Aalto-yliopisto) esitteli jo vuonna 2002 sanojen automaattisen segmentoinnin menetelmän, jonka ansiosta leksikon koko pieneni merkittävästi. Tätä läpimurtoa ei vielä ole hyödynnetty kaupallisella puolella. Puhesynteesin tutkimus on edennyt huomattavasti viimeisten vuosien aikana, mutta työ on vielä laboratorioasteella. Puhesynteesin tuotekehitykseen tarvitaan huomattavia lisäresursseja. Puheaineistojen kerääminen on hankalaa ja edellyttää paljon työtä.

- Vain harvoissa hankkeissa työskennellään tiedonhakuun liittyvien kysymysten parissa. Tavallisempaa on valita olemassa oleva työkalu ja istuttaa suomen kielen jäsennin sen osaksi, jolloin lisensseihin liittyvät kysymykset on huomioitava, eikä työkalua aina enää

	Määrä	Saatavuus	Laatu	Kattavuus	Valmiusaste	Vakaus	Soveltuvuus
Kieliteknologia: työkalut, teknologiat ja sovellukset							
Puheentunnistus	3	2	4	3	3	3	4
Puhesynteesi	3	3	5	4	4	4	4
Kieliopillinen analyysi	3,5	3,5	3,5	4	4	3,5	3,5
Semanttinen analyysi	0,4	0,4	1	1	1	1,4	0,7
Tekstin tuottaminen	3	3	4	2	3	3	4
Konekäännös	3	1	4	2	3	1	2
Kieliaineistot: aineistot, tietokannat ja tietämyskannat							
Tekstikorpukset	3	4	4	3,5	3,5	3,5	4
Puhekorpukset	2	3	3	2	2	2	2
Rinnakkaiskorpukset	1	2	3	2	2	3	3
Leksikaaliset resurssit	3	4	3,5	4	3,5	3,5	3,5
Kieliopit	2	5	4	4	4	3	3

8: Suomen kielen kieliteknologian tuki

myöhemmin ole mahdollista käyttää muissa ympäristöissä.

- Suomen kielelle on olemassa vain vähän multimodaalisia resursseja eikä käytännössä lainkaan pitkälle kehitettyjä työkaluja niiden hyödyntämiseen.
- Tekijänoikeudet estävät usein digitaalisten aineistojen vapaan käytön kielitieteelliseen ja kieliteknologiseen tutkimukseen. Tarvitaan yhteistyötä lainsäätäjien kanssa ja yhteinen pyrkimys tilanteeseen, jossa aineistojen vapaa käyttö tutkimus- ja kehityskäyttöön tulisi mahdolliseksi entistä laajemmin.

Yhteenvetona todettakoon, että suomen kielen tutkimuksen tuloksena meillä on käytettävissämme sovellusohjelmia, joiden toiminnallisuus on vielä rajattua. Tutkimukseen tarvitaan lisää resursseja, jotta sovelluksiin saadaan merkitystä analysoivia komponentteja mukaan parantamaan niiden laatua. Kehitystyö edellyttää myös lisää kieliresursseja, kuten esimerkiksi rinnakkaiskorpuksia konekääntämisen tutkimukseen.

4.7 KIELTENVÄLISTÄ VERTAILUA

Kieliteknologisten sovellusten saatavuus vaihtelee suuresti kielten välillä. Kieltenvälistä vertailua varten tässä osiossa esitellään yhteenveto arvioista, jotka on tehty kahdesta sovellusalasta, konekääntämisestä ja puheenkäsittelystä, sekä yhdestä taustateknologiasta, tekstin analyysistä. Lisäksi arvioidaan kieliteknologisovellusten tuotekehityksen tarvitsemien resurssien saatavuutta.

Kielet luokiteltiin seuraavien viiden asteen perusteella:

1. Erinomainen tuki
2. Hyvä tuki
3. Kohtuullinen tuki
4. Osittainen tuki

5. Heikko tai olematon tuki

Kieliteknologian tukea arvioitiin seuraavien kriteerien perusteella:

- Puheenkäsittely: Olemassaolevien puheentunnistuksen teknologioiden laatu, puhesynteesin teknologioiden laatu, sovellusalojen kattaminen, puhekorpusten määrä ja koko, saatavilla olevien puhepohjaisten sovellusten määrä ja laaja-alaisuus

- Konekäännös: Olemassaolevien konekääntämisen teknologioiden laatu, katettujen kieliparien määrä, kielellisten ilmiöiden ja eri alojen kattaminen, rinnakkaiskorpusten laatu ja koko, saatavilla olevien konekäännössovellusten määrä ja laaja-alaisuus

- Tekstin analyysi: Olemassaolevien tekstin analyysin teknologioiden laatu ja kattavuus (morfologia, syntaksi, semantiikka), kielellisten ilmiöiden ja eri alojen kattaminen, (annotoitujen) tekstikorpusten laatu ja määrä, leksikaalisten resurssien (esim. Word-Net) ja kielioppien laatu ja kattavuus

- Kieliaineistot: Olemassaolevien tekstikorpusten, puhekorpusten ja rinnakkaiskorpusten laatu ja koko, leksikaalisten resurssien ja kielioppien laatu ja kattavuus

Kuten taulukot osoittavat, on suomen kieleen panostettu vähemmän resursseja kuin Euroopan suuriin kieliin, erityisesti englantiin. Kieliteknologiset konekäännössovellukset on arvioitu alhaisen tuen luokkaan. Puheteknologian alalla nykyiset sovellukset ovat jo pitkälle tutkittuja ja tuotteistettuja erikoisalojen käyttöön. Kieliresurssien osalta tarvitaan lisää laajoja puhe- ja tekstiaineistoja. Tekstin käsittelyn perussovellukset kuten tavutus ja oikolukuohjelmat toimivat tyydyttävästi.

Kehittyneempien sovellusten rakentamiseen esimerkiksi konekäännöstä varten tarvitaan selkeästi lisää resursseja ja teknologioita, jotka kattavat kielitieteellisen tiedon mahdollisimman laaja-alaisesti ja hyödyntävät semanttista tietämystä aikaisempaa enemmän; esimerkiksi konekääntimeen syötettävä aines voitaisiin ensin analysoida semanttisesti. Resurssien ja teknologioiden laatua parantamalla ja kattavuutta lisäämällä voimme avata uusia mahdollisuuksia tulevaisuuden pitkälle kehittyneillä sovellusaloilla, mukaan lukien korkealuokkainen konekääntäminen.

4.8 JOHTOPÄÄTÖKSET

Tässä META-NET Valkoiset kirjat -julkaisusarjan raportissa olemme ensimmäisen kerran kartoittaneet 30 eurooppalaisen kielen kieliteknologian tukea ja verranneet Euroopan kielten tilannetta keskenään. Euroopan kieliteknologiayhteisö ja sen toimijat ovat tunnistaneet alan tarpeita, puutteita ja kehityksen esteitä ja olemme nyt tilanteessa, jossa avautuu mahdollisuus yhdessä suunnitella laajamittainen tutkimus- ja kehitysohjelma, jossa tavoitteena on rakentaa aidosti monikielinen, kieliteknologisesti ajan tasalla oleva Eurooppa.

Euroopan kielten välillä on suuria eroja. Kun joillekin kielille ja sovellusaloille löytyy hyvälaatuisia ohjelmistoja ja resursseja, toisten kohdalla on vielä isojakin puutteita. Monet kielet ovat vailla toisaalta tekstin analyysin perusteknologioita ja toisaalta välttämättömiä resursseja, joiden avulla teknologioita voitaisiin kehittää. Joidenkin kielten perustyökalut ja resurssit ovat olemassa, mutta vielä ei ole kyetty takaamaan riittäviä resursseja kielen semanttiseen tutkimukseen. Nyt on aika toteuttaa haave korkealuokkaisesta, kaikki Euroopan kielet kattavasta konekäännösjärjestelmästä.

Kieliteknologian perustutkimus sai Suomessa hyvin rahoitusta 1980- ja 1990-luvuilla, mutta sen jälkeen rahoitus ei ole ollut samalla tasolla. Vaikka Tekes ja Suomen Akatemia rahoittivat useita kieliteknologisia kehityshankkeita 2000-luvulla, ei näiden hankkeiden tuloksia ja sovelluksia ole avoimesti ja laaja-alaisesti jaettu kieliyhteisön käyttöön. Kuten tässä raportissa osoitetaan, kieliteknologisten sovellusten saatavuus ja laatu ovat hyväksyttäviä vain perussovellusten ja perusresurssien osalta. Suomessa ollaan jäämässä jälkeen keskeisten digitaalisten resurssien kehittämisessä. Ne ovat oleellisia kielen säilymisen turvaamiseksi. BLARK (Basic Language Resource Kit) kartoittaa tilannetta puheen, tekstin ja leksikoiden osalta ja se on tärkeä työkalu kieliteknologisten moduulien ja työkalujen kehitystyössä. Isojen ajantasaisten kieliaineistojen tarve kieliteknologisen tutkimuksen ja tuotekehityksen käyttöön kasvaa.

Euroopanlaajuisten raportin kirjoittamisen aikaan käynnissä olevien hankkeiden CLARIN (Common Language Resources and Technology Infrastructure) ja META (Multilingual Europe Technology Alliance) tavoitteena on tukea kieliteknologisten kieliresurssien ja teknologioiden jakelua ja saatavuutta eurooppalaisella tasolla. Suomen kansallisiin tarpeisiin ei kuitenkaan vielä ole riittävästi panostettu.

Tämän raportin tulokset osoittavat, että ainoa kestävä vaihtoehto on panostaa suomen kielen kieliteknologioiden kehittämiseen, jotta alan tutkimuksen ja tuoteke-

hityksen kentällä voidaan jatkaa hyvin aloitettua työtä. Uudenlainen infrastruktuuri ja yhtenäinen tutkimusorganisaatio ja näiden mahdollistama kansallinen ja kansainvälinen yhteistyö ovat välttämättömiä. Tutkimus- ja kehityshankkeiden rahoitus kärsii jatkuvuuden puutteesta ja lyhyen aikavälin ohjelmat vaihtelevat ajanjaksojen kanssa, jolloin rahoitusta on tarjolla vähän tai ei lainkaan. Resursseja tarvitaan suomen kielen laajojen aineistojen keräämiseen, kieliteknologian tutkimukseen, teknologioiden kehittämiseen ja tuotekehitykseen.

META-NET -hankkeen pitkän tähtäimen tavoite on tuoda korkealuokkaista kieliteknologiaa kaikkien kielten ulottuville, jotta näin mahdollistetaan poliittinen ja taloudellinen yhtenäisyys kulttuurinen monimuotoisuus säilyttäen. Teknologia tulee auttamaan olemassa olevien esteiden poistamisessa ja yhteyksien luomisessa Euroopan kielten välille. Työssä tarvitaan kaikkia toimijoita – niin politiikassa, tutkimuksessa, liike-elämässä kuin yhteiskunnassakin – yhdistämään voimansa tulevaisuuden eteen.

Erinomainen tuki	Hyvä tuki	Kohtuullinen tuki	Osittainen tuki	Heikko tai olematon tuki
	englanti	espanja hollanti italia portugali ranska tšekki saksa **suomi**	baski bulgaria galicia iiri katalaani kreikka norja puola ruotsi serbia slovakki sloveeni tanska unkari viro	kroatia islanti latvia liettua malta romania

9: Puheenkäsittely: 30 eurooppalaisen kielen tilanne

Erinomainen tuki	Hyvä tuki	Kohtuullinen tuki	Osittainen tuki	Heikko tai olematon tuki
	englanti	espanja ranska	hollanti italia katalaani puola romania saksa unkari	baski bulgaria galicia iiri islanti kreikka kroatia latvia liettua malta norja portugali ruotsi serbia slovakki sloveeni **suomi** tšekki tanska viro

10: Konekäännös: 30 eurooppalaisen kielen tilanne

Erinomainen tuki	Hyvä tuki	Kohtuullinen tuki	Osittainen tuki	Heikko tai olematon tuki
	englanti	espanja hollanti italia ranska saksa	baski bulgaria galicia katalaani kreikka norja portugali puola romania ruotsi tanska tšekki slovakki sloveeni **suomi** unkari	iiri islanti kroatia latvia liettua malta serbia viro

11: Tekstinanalyysi: 30 eurooppalaisen kielen tilanne

Erinomainen tuki	Hyvä tuki	Kohtuullinen tuki	Osittainen tuki	Heikko tai olematon tuki
	englanti	espanja hollanti italia puola ranska ruotsi saksa tšekki unkari	baski bulgaria galicia katalaani kreikka kroatia norja portugali romania serbia slovakki sloveeni **suomi** tanska viro	iiri islanti latvia liettua malta

12: Puhe- ja tekstiaineistot: 30 eurooppalaisen kielen tilanne

5

META-NET

META-NET on Euroopan komission rahoittama huippuosaamisen verkosto [2], joka muodostuu 54 tutkimuskeskuksesta 33 Euroopan maassa. Nopeasti kasvava monikielisen Euroopan teknologiaverkosto META koostuu kieliteknologian ammattilaisista ja organisaatioista. Sen taustavoimana META-NET on sitoutunut rakentamaan monikielisen tietoyhteiskunnan teknologista perustaa, joka:

- mahdollistaa vuorovaikutuksen ja yhteistyön kielirajojen ylitse;

- varmistaa kaikkien kielten puhujille tiedon ja tietämyksen tasavertaisen saatavuuden;

- tarjoaa kaikkien eurooppalaisten saataville edistyksellistä verkostoitunutta tietotekniikkaa.

META-NET edistää Euroopan yhdentymistä kaikkien kansalaistensa saavutettavaksi verkkokaupan yhteismarkkina-alueeksi ja tietoavaruudeksi. META-NET edistää myös monikielisten teknologiasovellusten kehittämistä ja tuotteistamista kaikkia Euroopan kieliä varten. Sovellukset mahdollistavat automaattisen kääntämisen, sisällöntuotannon sekä tiedon ja tietämyksen hallinnan monissa erilaisissa järjestelmissä ja useilla erikoisaloilla. Niiden avulla voidaan luoda helppotajuisia kieleen pohjautuvia käyttöliittymiä erilaisiin teknologisiin tuotteisiin kodinkoneista ja kulkuneuvoista tietokoneisiin ja robotteihin. 1.2.2010 käynnistyneen META-NET-hankkeen kolme toimintalinjaa, META-VISION, META-SHARE ja META-RESEARCH, ovat jo aktiivisia.

META-VISION edistää toimivan ja vaikutusvaltaisen yhteisön syntymistä yhteisen tavoitteen ja tutkimusohjelman (strategic research agenda, SRA) toteuttamiseksi. Toimintalinjan tärkein tavoite on rakentaa Euroopan kieliteknologiayhteisöstä yhtenäinen ja sitoutunut tuomalla yhteen toimijoita erilaisista ryhmistä. Tämä valkoinen kirja on toteutettu myös 29 muulla eurooppalaisella kielellä. Näille yhteinen teknologinen tulevaisuudennäkymä on syntynyt kolmen alakohtaisen visioryhmän voimin. META-teknologianeuvosto perustettiin valmistelemaan tulevaisuudennäkymään pohjautuvaa tutkimusohjelmaa läheisessä vuorovaikutuksessa koko kieliteknologiayhteisön kanssa.

META-SHARE luo avointa, hajautettua infrastruktuuria resurssien vaihtamista ja jakamista varten. Tietovarastojen verkosto tulee sisältämään kieliaineistoja, työkaluja ja verkkopalveluita, jotka on kuvattu laadukkaasti ja luokiteltu sovittuja standardeja noudattaen. Resurssit ovat helposti saavutettavissa ja yhtäläisesti haettavissa, ja ne sisältävät kaikkea vapaista avoimen koodin materiaaleista rajoitettuihin kaupallisiin tuotteisiin.

META-RESEARCH rakentaa yhteyksiä toisiaan lähellä olevien teknologisten alojen välille. Pyrkimyksenä on hyödyntää eri alojen kokemuksia ja saavutuksia ja panostaa näin innovatiiviseen kieliteknologiseen tutkimukseen. Toimintalinja keskittyy erityisesti huipputason konekääntämisen tutkimukseen, tiedonkeruuseen, tutkimusaineistojen valmistamiseen ja kielivarojen järjestelyyn arviointia varten. Tietoja työkaluista ja menetelmistä kootaan hakemistoihin sekä järjestetään yhteisön jäsenille työpajoja ja koulutustilaisuuksia.

office@meta-net.eu – http://www.meta-net.eu

1

EXECUTIVE SUMMARY

Information technology changes our everyday lives. We typically use computers for writing, editing, calculating, and searching for information; and increasingly for reading, listening to music, viewing photos and watching movies. We carry small computers in our pockets and use them to make phone calls, write emails, get information and entertain ourselves, wherever we are. How does this massive digitization of information, knowledge and everyday communication affect our language? Will our language change or even disappear?

All our computers are linked together into an increasingly dense and powerful global network. The girl in Ipanema, the customs officer in Imatra and the engineer in Kathmandu can all chat with their friends on Facebook, but they are unlikely ever to meet one another in online communities and forums. If they are worried about how to treat earache, they will all check Wikipedia to find out all about it, but even then they won't read the same article. When Europe's netizens discuss the effects of the Fukushima nuclear accident on European energy policy in forums and chat rooms, they do so in cleanly-separated language communities. What the internet connects is still divided by the languages of its users. Will it always be like this?

In science fiction movies, everyone speaks the same language. Could it be Finnish, even though astronauts rarely mouth Finnish words as naturally as they speak English? Many of the world's 6,000 languages will not survive in a globalized digital information society. It is estimated that at least 2,000 languages are doomed to extinction in the decades ahead. Others will continue to play a role in families and neighbourhoods, but not in the wider business and academic world. What are the Finnish language's chances of survival?

With more than 5 million speakers, the Finnish language is fairly well positioned compared to many languages. There are 4 public television channels with Finnish-language programmes and more than 30 private TV broadcasters. Most international movies have Finnish subtitles. After Finland became a full member of the EU, the Finnish language has probably somewhat strengthened its position and status.

The status of a language depends not only on the number of speakers or books, films and TV stations that use it, but also on the presence of the language in the digital information space and software applications. Here too, the Finnish language is fairly well-placed: all important international software products are available in Finnish versions; the Finnish Wikipedia has more than 290,000 articles and the Finnish top level domain .fi is very popular.

In the field of language technology, the Finnish language is moderately equipped with products, technologies and resources. There are applications and tools for speech synthesis, speech recognition, information retrieval, spelling correction and grammar checking. There are also a few applications for automatically translating language, even though these often fail to produce linguistically and idiomatically correct translations, especially when Finnish is the target language. This is partly due to the specific linguistic characteristics of the Finnish language.

Information and communication technology are now preparing for the next revolution. After personal computers, networks, miniaturisation, multimedia, mobile devices and cloud-computing, the next generation of technology will feature software that understands not just spoken or written letters and sounds but entire words and sentences, and supports users far better because it speaks, knows and understands their language. Forerunners of such developments are the free online service Google Translate that translates between 57 languages, IBM's supercomputer Watson that was able to defeat the US champion in the game of "Jeopardy", and Apple's mobile assistant Siri for the iPhone that can react to voice commands and answer questions in English, German, French and Japanese.

The next generation of information technology will master human language to such an extent that human users will be able to communicate using the technology in their own language. Devices will be able to automatically find the most important news and information from the world's digital knowledge store in reaction to easy-to-use voice commands. Language-enabled technology will be able to translate automatically or assist interpreters; summarise conversations and documents; and support users in learning scenarios. For example, it will help immigrants to learn the Finnish language and to integrate more fully into the country's culture.

The next generation of information and communication technologies will enable industrial and service robots (currently under development in research laboratories) to faithfully understand what their users want them to do and then proudly report on their achievements.

This level of performance means going way beyond simple character sets and lexicons, spell checkers and pronunciation rules. The technology must move on from simplistic approaches and start modelling language in an all-encompassing way, taking syntax as well as semantics into account to understand the essence of questions and generate rich and relevant answers.

However, there is a yawning technological gap between English and Finnish, and it is currently getting wider. After a very successful research record in the 1980s and 1990s, Finland is currently losing its role as a contributor of language technology. Basic language technology research was funded at a Centre of Excellence level in the 1980s and 1990s, which resulted in a number of spin-off enterprises based on the technologies developed.

After the period of basic research funding only small scale industrial project funding has been provided by Tekes, the Finnish Funding Agency for Technology and Innovation. As a result, Finland (and Europe in general) lost some very promising high-tech innovations to the US, where there is greater continuity in their strategic research planning and more financial backing for bringing new technologies to the market. In the race for technology innovation, an early start with a visionary concept will only ensure a competitive advantage if you can actually make it over the finish line. Otherwise all you get is an honorary mention in Wikipedia.

After this decline in language technology basic research funding in Finland, many experts migrated to diverse small companies. US-based companies used their resources to develop technologies into their own industrial strength products. Nevertheless, there is still a very high research potential in Finland. Apart from internationally renowned research centres and universities, there are a number of innovative small and medium-sized language technology companies that manage to survive through sheer creativity and immense efforts, despite the lack of venture capital or sustained public funding.

Due to early commercial successes for Finnish language technology, the availability of basic tools such as parsers and lexicons in the research community for processing Finnish became limited. As an odd consequence, technology specifically adapted to the Finnish language was only marginally involved in Finnish research projects and therefore most of the research and development prototypes used English.

Because of the lack of adequate language resources and basic research funding, the Finnish language has been hardly present in any international technology competitions. This holds true for extracting information from texts, grammar checking, machine translation and a whole range of other applications.

Many researchers believe that these setbacks are due to the fact that, for fifty years now, the methods and algorithms of computational linguistics and language technology application research have first and foremost focused on English. In a selection of leading conferences and scientific journals published between 2008 and 2010, there were 971 publications on language technology for English and only 10 for Finnish. Language technology for Danish and Swedish was better represented with 26 and 19 articles respectively, while Norwegian trailed behind with only 2 articles.

However, other researchers believe that English is inherently better suited to computer processing. Languages such as Spanish and French are also a lot easier to process than Finnish using current methods. This means that we need a dedicated, consistent and sustainable research effort if we want to use the next generation of information and communication technology in those areas of our private and work life where we speak and write Finnish.

Summing up, despite the prophets of doom the Finnish language is not in danger, even from the prowess of English language computing. However, the whole situation could change dramatically when a new generation of technologies really starts to master human languages effectively. Through improvements in machine translation, language technology will help in overcoming language barriers, but it will only be able to operate between those languages that have managed to survive in the digital world. If there is adequate language technology available, then it will be able to ensure the survival of languages with small populations of speakers.

The dentist jokingly warns: "Only brush the teeth you want to keep". The same principle also holds true for research support policies: you can study every language under the sun all you want, but if you really intend to keep them alive, you also need to develop technologies to support them.

META-NET's vision is high-quality language technology for all languages in order to achieve political and economic unity through cultural diversity. The technology will help tear down existing barriers and build bridges between Europe's languages. This requires all stakeholders – in politics, research, business, and society – to unite their efforts for the future.

Drawing on the insights gained so far, it appears that today's 'hybrid' language technology mixing deep processing with statistical methods will be able to bridge the gap between all European languages and beyond. As this series of white papers shows, there is a dramatic difference between Europe's member states in terms of both the maturity of the research and in the state of readiness with respect to language solutions.

This white paper series complements other strategic actions taken by META-NET (see the appendix for an overview). Up-to-date information such as the current version of the META-NET vision paper [3] or the Strategic Research Agenda (SRA) can be found on the META-NET web site: http://www.meta-net.eu.

2

RISK FOR OUR LANGUAGES AND A CHALLENGE FOR LANGUAGE TECHNOLOGY

We are witnesses to a digital revolution that is dramatically impacting communication and society. Recent developments in digital information and communication technology are sometimes compared to Gutenberg's invention of the printing press. What can this analogy tell us about the future of the European information society and our languages in particular?

After Gutenberg's invention, real breakthroughs in communication and knowledge exchange were accomplished by efforts such as Luther's translation of the Bible into vernacular language. In subsequent centuries, cultural techniques have been developed to better handle language processing and knowledge exchange:

- the orthographic and grammatical standardisation of major languages enabled the rapid dissemination of new scientific and intellectual ideas;

- the development of official languages made it possible for citizens to communicate within certain (often political) boundaries;

- the teaching and translation of languages enabled exchanges across languages;

- the creation of editorial and bibliographic guidelines assured the quality and availability of printed material;

- the creation of different media like newspapers, radio, television, books, and other formats satisfied different communication needs.

In the past twenty years, information technology has helped to automate and facilitate many of the processes:

- desktop publishing software has replaced typewriting and typesetting;

- overhead projector transparencies have been replaced by programs such as OpenOffice presentations or Microsoft PowerPoint;

- e-mail send and receive documents faster than a fax machine;

- free networking environments offer cheap Internet phone calls and hosts virtual meetings;

- audio and video encoding formats make it easy to exchange multimedia content;

- search engines provide keyword-based access to web pages;

- online services like Google Translate produce quick, approximate translations;

- social media platforms such as Facebook, Twitter, and Google+ facilitate communication, collaboration, and information sharing.

Although such tools and applications are helpful, they are not yet capable of supporting a sustainable, multilingual European society for all where information and goods can flow freely.

2.1 LANGUAGE BORDERS HINDER THE EUROPEAN INFORMATION SOCIETY

We cannot predict exactly what the future information society will look like. But there is a strong likelihood that the revolution in communication technology is bringing people speaking different languages together in new ways. This is putting pressure on individuals to learn new languages and especially on developers to create new technology applications to ensure mutual understanding and access to shareable knowledge. In a global economic and information space, more languages, speakers and content interact more quickly with new types of media. The current popularity of social media (Wikipedia, Facebook, Twitter, YouTube, and, recently, Google+) is only the tip of the iceberg.

Today, we can transmit gigabytes of text around the world in a few seconds before we recognise that it is in a language we do not understand. According to a recent report from the European Commission, 57% of Internet users in Europe purchase goods and services in non-native languages. (English is the most common foreign language followed by French, German and Spanish.) 55% of users read content in a foreign language while only 35% use another language to write e-mails or post comments on the Web [4].

The global economy and information space confronts us with different languages, speakers and content.

A few years ago, English might have been the lingua franca of the Web – the vast majority of content on the Web was in English – but the situation has now drastically changed. The amount of online content in other European (as well as Asian and Middle Eastern) languages has exploded.

Surprisingly, this ubiquitous digital divide due to language borders has not gained much public attention; yet, it raises a very pressing question: Which European languages will thrive in the networked information and knowledge society, and which are doomed to disappear?

2.2 OUR LANGUAGES AT RISK

While the printing press helped step up the exchange of information in Europe, it also led to the extinction of many European languages. Regional and minority languages were rarely printed and languages such as Cornish and Dalmatian were limited to oral forms of transmission, which in turn restricted their scope of use. Will the Internet have the same impact on our languages?

Europe's approximately 80 languages are one of its richest and most important cultural assets.

Europe's approximately 80 languages are one of its richest and most important cultural assets, and a vital part of its unique social model [5]. While languages such as English and Spanish are likely to survive in the emerging digital marketplace, many European languages could become irrelevant in a networked society. This would weaken Europe's global standing, and run counter to the strategic goal of ensuring equal participation for every European citizen regardless of language. According to a UNESCO report on multilingualism, languages are an essential medium for the enjoyment of fundamental rights, such as political expression, education and participation in society [6].

2.3 LANGUAGE TECHNOLOGY IS A KEY ENABLING TECHNOLOGY

In the past, investment efforts in language preservation focused on language education and translation. According to one estimate, the European market for translation, interpretation, software localisation and website globalisation was 8.4 billion euros in 2008 and is expected to grow by 10% per annum [7]. Yet this figure covers just a small proportion of current and future needs in communicating between languages. The most compelling solution for ensuring the breadth and depth of language usage in Europe tomorrow is to use appropriate technology, just as we use technology to solve our transport, energy and disability needs among others.

Language technology helps people collaborate, conduct business, share knowledge and participate in social and political debates across different languages.

Digital language technology (targeting all forms of written text and spoken discourse) helps people collaborate, conduct business, share knowledge and participate in social and political debate regardless of language barriers and computer skills. It often operates invisibly inside complex software systems to help us:

- find information with an Internet search engine;
- check spelling and grammar in a word processor;
- view product recommendations in an online shop;
- hear the verbal instructions of a car navigation system;
- translate web pages via an online service.

Language technology consists of a number of core applications that enable processes within a larger application

framework. The purpose of the META-NET language white papers is to focus on how ready these core technologies are for each European language.

Europe needs robust and affordable language technology for all Euro-pean languages.

To maintain our position in the frontline of global innovation, Europe will need language technology adapted to all European languages that is robust, affordable and tightly integrated within key software environments. Without language technology, we will not be able to achieve a really effective interactive, multimedia and multilingual user experience in the near future.

2.4 OPPORTUNITIES FOR LANGUAGE TECHNOLOGY

In the world of print, the technology breakthrough was the rapid duplication of an image of a text (a page) using a suitably powered printing press. Human beings had to do the hard work of looking up, reading, translating, and summarizing knowledge. We had to wait until Edison to record spoken language – and again his technology simply made analogue copies.

Language technology can now automate the processes of translation, content production, and knowledge management for all European languages. It can also empower intuitive language/speech-based interfaces for household electronics, machinery, vehicles, computers and robots. Real-world commercial and industrial applications are still in the early stages of development, yet R&D achievements are creating a genuine window of opportunity. For example, machine translation is already reasonably accurate in specific domains, and experimental applications provide multilingual information and knowledge management as well as content production in many European languages.

As with most technologies, the first language applications such as voice-based user interfaces and dialogue systems were developed for highly specialised domains, and often exhibit limited performance. But there are huge market opportunities in the education and entertainment industries for integrating language technologies into games, cultural heritage sites, edutainment packages, libraries, simulation environments and training programmes. Mobile information services, computer-assisted language learning software, eLearning environments, self-assessment tools and plagiarism detection software are just some of the application areas where language technology can play an important role. The popularity of social media applications like Twitter and Facebook suggest a further need for sophisticated language technologies that can monitor posts, summarise discussions, suggest opinion trends, detect emotional responses, identify copyright infringements or track misuse.

Language technology helps overcome the "disability" of linguistic diversity.

Language technology represents a tremendous opportunity for the European Union. It can help address the complex issue of multilingualism in Europe – the fact that different languages coexist naturally in European businesses, organisations and schools. But citizens need to communicate across these language borders criss-crossing the European Common Market, and language technology can help overcome this final barrier while supporting the free and open use of individual languages. Looking even further forward, innovative European multilingual language technology will provide a benchmark for our global partners when they begin to enable their own multilingual communities. Language technology can be seen as a form of 'assistive' technology that helps overcome the 'disability' of linguistic di-

versity and make language communities more accessible to each other.

Finally, one active field of research is the use of language technology for rescue operations in disaster areas, where performance can be a matter of life and death: Future intelligent robots with cross-lingual language capabilities have the potential to save lives.

2.5 CHALLENGES FACING LANGUAGE TECHNOLOGY

Although language technology has made considerable progress in the last few years, the current pace of technological progress and product innovation is too slow. Widely-used technologies such as the spelling and grammar correctors in word processors are typically monolingual, and are only available for a handful of languages. Online machine translation services, although useful for quickly generating a reasonable approximation of a document's contents, are fraught with difficulties when highly accurate and complete translations are required.

Technological progress
needs to be accelerated.

Due to the complexity of human language, modelling our tongues in software and testing them in the real world is a long, costly business that requires sustained funding commitments. Europe must therefore maintain its pioneering role in facing the technology challenges of a multiple-language community by inventing new methods to accelerate development right across the map. These could include both computational advances and techniques such as crowdsourcing.

2.6 LANGUAGE ACQUISITION IN HUMANS AND MACHINES

To illustrate how computers handle language and why it is difficult to program them to use it, let's look briefly at the way humans acquire first and second languages, and then see how language technology systems work.

Humans acquire language skills in two different ways: learning from examples and learning the underlying language rules.

Humans acquire language skills in two different ways: learning examples and learning the underlying language rules. Babies acquire a language by listening to the real interactions between its parents, siblings and other family members. From the age of about two, children produce their first words and short phrases. This is only possible because humans have a genetic disposition to imitate and then rationalise what they hear.

Learning a second language at an older age requires more effort, largely because the child is not immersed in a language community of native speakers. At school, foreign languages are usually acquired by learning grammatical structure, vocabulary and spelling using drills that describe linguistic knowledge in terms of abstract rules, tables and examples. Learning a foreign language gets harder with age.

The two main types of language technology systems 'acquire' language capabilities in a similar manner.

Moving now to language technology, the two main types of language technology systems 'acquire' language capabilities in a similar manner. Statistical (or 'data-driven') approaches obtain linguistic knowledge from vast collections of concrete example texts. While it is sufficient to use text in a single language for training, e. g., a spell checker, parallel texts in two (or more) languages have to be available for training a machine translation system. The machine learning algorithm then "learns" patterns of how words, short phrases and complete sentences are translated. This statistical approach can require millions of sentences and performance quality increases with the amount of text analysed. This is one reason why search engine providers are eager to collect as much written material as possible. Spelling correction in word processors, and services such as Google Search and Google Translate all rely on statistical approaches. The great advantage of statistics is that the machine learns fast in continuous series of training cycles, even though quality can vary arbitrarily.

The second approach to language technology and machine translation in particular is to build rule-based systems. Experts in the fields of linguistics, computational linguistics and computer science first have to encode grammatical analyses (translation rules) and compile vocabulary lists (lexicons). This is very time consuming and labour intensive. Some of the leading rule-based machine translation systems have been under constant development for more than twenty years. The great advantage of rule-based systems is that the experts have more detailed control over the language processing. This makes it possible to systematically correct mistakes in the software and give detailed feedback to the user, especially when rule-based systems are used for language learning. But due to the high cost of this work, rule-based language technology has so far only been developed for major languages.

As the strengths and weaknesses of statistical and rule-based systems tend to be complementary, current research focuses on hybrid approaches that combine the two methodologies. However, these approaches have so far been less successful in industrial applications than in the research lab.

As we have seen in this chapter, many applications widely used in today's information society rely heavily on language technology. Due to its multilingual community, this is particularly true of Europe's economic and information space. Although language technology has made considerable progress in the last few years, there is still huge potential in improving the quality of language technology systems. In the following, we will describe the role of Finnish in the European information society and assess the current state of language technology for the Finnish language.

FINNISH IN THE EUROPEAN INFORMATION SOCIETY

3.1 GENERAL FACTS

Finnish is the native language of approximately 4.8 million people living in Finland and the second language of 0.5 million Finns. Finnish is also spoken in Sweden, Estonia, Russia, the United States and Australia.

Finnish is one of the official languages
in the European Union.

Finnish is one of the official languages in the European Union. The Finnish constitutional law and language law define Finnish and Swedish as the national languages of Finland. In addition to that, Finnish is an official minority language in Sweden. (In 2011 mainly in Northern and Central Sweden.) Besides Finnish and Swedish, three Sámi languages (Northern Sámi, Inari Sámi and Skolt Sámi), Romany, Karelian language and two different sign languages have long been used in Finland. From the 19th century onwards also Russian and Tatar speaking people have been living in Finland. Since the end of the 1970's immigrants have arrived from Europe, Asia and Africa, and the amount of immigrant languages is somewhere around 100, the major ones being Russian, Estonian and Somali.

The Finnish literary language has a relatively short history. It has been used in religious literature and the church since the 16th century, and laws have been written in Finnish since the 18th century. Up until the 19th century, Swedish was used in administration, education and literature. The foundation of contemporary Finnish was laid during the 19th century when Finnish became a sovereign language in all societal activity.

Dialects are divided into two categories; the Western and the Eastern dialects. The Western dialects include the South-West dialects, Southern-Western middle dialects, Tavastian dialects, Southern Ostrobothnian dialect, Central and Northern Ostrobothnian dialects and the Peräpohjola dialects. The Eastern dialects include the Savonian dialects and the South-Eastern dialects. The difference between the Eastern and Western dialects is mostly in the pronunciation and word forms (*meijän*, *männä* in the East while *meirän*, *mennä* in the West) and partly in the vocabulary (*vasta* in the East, *vihta* in the West.) The differences between dialects are clear, and speakers from different areas can be identified by their intonation. However, the differences are minor enough to allow speakers of different dialects to understand each other. Urbanisation and other changes in the society have softened the dialects and smoothed out the most narrow and distinctive features.

3.2 PARTICULARITIES OF THE FINNISH LANGUAGE

Finnish is part of the Finno-Ugric language group and one of the Baltic Finnic languages. The other Baltic Finnic languages are Karelian, Ludic, Veps, Ingrian,

Votic, Estonian, Livonian, Võro and Seto. These languages do not contain grammatical gender or articles. One of the most distinctive features in Finnish is that the writing mainly corresponds to the pronunciation. The main word stress is on the first syllable.

Finnish has a rich inflectional system. Words are divided into three main categories: 1) nouns and adjectives are inflected for case and number and adjectives agree with their head (*isossa talossa [in a big house]*, *isoissa taloissa [in big houses]*), 2) verbs are inflected for person, tense and modus (*sanon [I say]*, *sanot [you say]*, *hän sanoo [he says]*, *sanomme [we say]*, *sanotte [you say]*, *he sanovat [they say]*; *sanon [I say]*, *sanoin [I said]*, *olen sanonut [I have said]*, *olin sanonut [I had said]*; *sanon [I say]*, *sanoisin [I would say]*) and 3) adpositions and particles are mainly uninflected. There are 15 grammatical cases of which accusative only occurs in personal pronouns and the pronoun *kuka [who]* (*minut [me]*, *meidät [us]*, *kenet [whom]*).

Finnish has a rich inflectional system.

Each noun in Finnish is capable of having some 2,000 distinct forms and verbs more than 12,000 forms. The number of distinct forms derives from the agglutinative nature of Finnish, i.e., several layers of inflectional affixes can be stacked, e.g. *halu+tu+imm+i+lla+mme+ko* would express the verbal root for desiring and endings for expressing elements "desire, something that is, most, on, our, question".

New words are mostly formed with derivation and composition. Approximately 10–15% out of index words in dictionaries are basic words, 20–30% derivatives and 60–70% compounds.

- Derivatives: *kirja [book]* → *kirjasto [library]*, *kirjaamo [registry]*, *kirjallisuus [literature]*, *kirjoittaa [to write]*, *kirjanen [booklet]*, *kirjallinen [literary]* etc.

- Compounds: *maahanmuutto [immigration]*, *kansaneläkelaitos [Social Insurance Institution]*, *yleisurheilumaaottelu [international event in athletics]*.

Certain linguistic characteristics of Finnish are challenges for computational processing.

In addition to the stacking of the endings, Finnish is characterised by a number of morphophonological alternations such as consonant gradation, vowel harmony, a number of vowel mutations at the junctures between stems and endings. Word forms are long because of inflection but also because compound words are normally written together without hyphens or spaces. Compound words can be further compounded resulting in even longer compounds.

The most usual order of constituents in a Finnish clause is SVX, *Hän osti kirjan. [He bought a book.]* The word order, however, follows the information structure of the clause and can therefore be employed to denote the distinction of old and new information:

- *Hän osasi läksynsä. [He mastered his homework.]*
- *Osasi hän läksynsä. [He did master his homework.]*

Syntactic roles are marked using inflectional marking. Therefore the word order is relatively free, i.e., subjects and objects are identified by their case rather than their relative position in the sentence:

- *Poika osti kirjan. [The boy bought a book.]*
- *Kirjan poika osti. [It was a book that the boy bought.]*

3.3 RECENT DEVELOPMENTS

Finnish has a fairly short written history starting from religious texts translated from German in the beginning of the New Age. The literary norm of Finnish was, however, not established until in the 19th century. Until the Second World War, Finnish borrowed mostly from Swedish and German or Latin. The vocabulary has only a small proportion of original Finno-Ugric words.

The Finnish vocabulary includes a large number of Baltic, German, Slavic and Scandinavian loan words from different historical periods. For centuries a strong influence came from Swedish (*pankki < bank [bank], laki < lag [law], treenata < träna [to train]*). Nowadays words are mostly borrowed from English (*liisaus < leasing, meili < mail*), although special languages also lend from other languages (*pitsa [pizza], karate*). It is typical for the loan words to assimilate quickly to the Finnish structure and inflection conventions. Loan words often live side by side with the Finnish variants: *tulostin ~ printteri [printer]*.

A new kind of influence from English has lately been recognised. The usage of Finnish in some areas of life has been narrowed down, leaving Finnish less often used. This tendency can be more clearly seen in natural sciences and technology, but it is there also in other scientific forums. The scientific community is also more aware of the fact that Finnish requires more attention than during the past centuries.

The relationship between spoken and written language is also in a state of change. It is usual to publish texts in the Internet that actually are speech. Conventions of speech are therefore moving towards becoming part of the written language much stronger than before.

3.4 LANGUAGE CULTIVATION IN FINLAND

The acts and degrees state that the language planning of Finnish is the task of the Institute for the Languages of Finland. The institute gives out recommendations, offers counselling, educates, and collects and administers up-to-date databases of Finnish. Counselling has long traditions and is widely known amongst Finns. Language planning in Finland is all the more moving towards counselling on the textual level, although details on spelling and inflections are issues where the Finns still ask for advice.

The acts and degrees state that the language planning of Finnish is the task of the Institute for the Languages of Finland.

The Finnish Terminology Centre TSK is one of the central developers of terminology in Finnish, and work on terminology is also carried out in several scientific societies. At the onset of 2011, the University of Helsinki launched the project The Bank of Finnish terminology in Arts and Sciences, with the objective of enhancing the creation and wide use of Finnish scientific terms.

Interest in the quality and intelligibility of the language used by the authorities has grown during the 21st century. Cooperating closely with the legislators, the Institute for the Languages of Finland has made several initiatives in suggesting improvements in the discourse of the authorities.

3.5 LANGUAGE IN EDUCATION

Approximately 56,000 children start in the Finnish comprehensive schools each year in an integrated nine-year school system. The Finnish language plays an important part of the studies in all grades. The total amount of lesson hours is defined in the national decree, but how the lesson hours are divided between different grades is decided locally. During the nine years in the comprehensive school the Finnish students attend 1554 hours teaching of their mother tongue and literature.

Finland has taken part in all PISA cycles, in 2000, 2003, 2006 and 2009. The results of the tests show that the basic education has been a Finnish success story, even if the difference in the level of performance of girls and boys is the largest of all PISA countries [8]. In 2009 with reading literacy as the main focus area, the mean performance of Finnish students was ranked third, following the trend of all previous PISA cycles [9].

Finland has taken part in all PISA cycles, in 2000, 2003, 2006 and 2009.

The Finnish language has been offered as one plausible explanation for the excellent results, because it is easy to read, and children learn to read subtitles on TV very early since there is no dubbing in the TV. Reading is also supported by other means, such as creating a dense network of libraries and a wide variety of newspapers made available for all age groups.

During the three to four upper secondary education years, the students (aged 16-19) attend six mandatory courses and they can also choose three advanced courses in mother tongue and literature. The mother tongue is a mandatory subject in the matriculation examination after which the students are eligible for higher education studies where they have two options to choose from, the more professionally oriented polytechnic education or the university education where the focus is mostly on scientific research. Approximately 36,000 students enrol in the polytechnics and 20 000 in the universities each year [10]. The curriculum of all 26 polytechnics and 16 universities include mandatory courses in mother tongue and in communication.

Language skills are a
key qualification for education.

The students in Finland study Finnish at the upper secondary school level less than students in other OECD countries, and taking extra classes in Finnish language studies or literature is not very popular, even if the subject is regarded as important. The work group behind the report *Suomen kielen tulevaisuus* (The future of the Finnish language) [11] recommends that the course tray should also include studies improving other that text production skills or literary studies, such as more formal and linguistic approaches to languages.

Finnish can be studied as the major in 8 out of 15 Finnish universities: the universities of Helsinki, Jyväskylä, Oulu, Tampere, Turku, Vaasa, Eastern Finland, and Åbo Akademi, and Finnish literature in the first six of these [12]. In several other universities it is possible to study individual courses of Finnish. The role of English in the universities overall has grown with the increasing number of international students but the language of instruction in the degree programmes in Finland studies is mostly Finnish [13].

3.6 INTERNATIONAL ASPECTS

Until the late 20th century Finnish was a receiving language for influences from other languages in international settings. World literature, as well as scientific achievements has been available for the Finns through translations. Also translations of popular culture such as lyrics had a strong status in Finland until the 1990's.

A strong tradition of translating with a habit of reading and listening to translated language has thus been rooted into Finland. The last few decades have, however, witnessed a change in this respect with the growing importance of the internet multiplying the usage of texts and other cultural works in other languages than Finnish, most often English.

Translating from Finnish into other languages has also been important for the Finns. Finnish has rarely been an option in international business contacts, nor scientific interaction, and translating Finnish source texts has always been necessary. Although Finnish is offered in several universities around the world, it is more often studied rather for personal than professional reasons. With the increasing number of international contacts, the situation of translating from Finnish has changed, since Finns nowadays use more often foreign languages, mostly English, in producing texts. Some large Finnish enterprises have chosen English as the concern/consolidated company language.

Until the late 20th century Finnish was a receiving language for influences from other languages in international settings. World literature, as well as scientific achievements has been available for the Finns through translations.

The status of Finnish faced a significant shift when Finland joined the European Union in 1995. For the first time in its history, Finnish became one of the official languages of an international organisation. While Finnish is not one of the working languages in the EU, Finland participates in the activities in the EU as well as in other international settings through translation and interpretation [11]. The number of texts and genres translated are very different from the translation activities in the past, as texts in the EU are translated into Finnish from the working languages, most often English. Among the genres translated, the EU legislation enjoys a special status. When the Finns wish to contact the institutions of the EU, the texts are translated from Finnish into the working languages, but the number of texts translated from Finnish into other languages is quite small.

Speeches of the Finnish representatives and officials are interpreted from Finnish or into Finnish. Interpretation services have, however, not been used as often as would have been possible, especially in the meetings the Finnish officials participate in. In 2003 the EU changed the way the costs for interpretations are covered by the member states, and it has since been possible to finance other costs by saving in the interpretation costs, an option that Finland chose to take.

The fact that Finns use less interpretation services than before might have an impact on how they tend to react to the EU translations in general. Finns tend to read the texts prepared for the meetings in English, and they often choose to speak English in them. Half of the officials that answered a poll on interpretation gave a negative answer to a question whether they get interpretation services as often as they would wish. The same officials consider the Finnish versions of the EU texts as harder to understand than the versions of the same texts in other languages, or similar texts written in Finnish [14]. Linguistic problems occur in the national implementation process of the EU acts [15]. A network for translation of the EU acts has been established to enhance cooperation between the EU translators EU and the officials.

An issue in the question of whether to request interpretation in the EU or not can possibly be the fact that knowledge of foreign languages is very highly appreciated in Finland. The media pay attention to the language skills of the politicians, such as ministers of parliament and how they cope with speaking English. Using Finnish is easily regarded as not being competent in the particular foreign language instead of a sign of appreciation towards Finnish and its status as one of the official languages in the EU. The bond between the usage of Finnish and its development does apparently not appear as relevant to those choosing English for pragmatic reasons: the more specialists use Finnish, the better and more idiomatic expressions are available for its users – and vice versa.

Language technology could be more widely employed than it currently is. Large and up-to-date databases of terms and phrases in administration with solid quality assurance are an example of a welcomed resource to both translators and interpreters. Machine translation into or from Finnish would require more effort to reach a level of quality that would benefit translation activities in practice.

3.7 FINNISH ON THE INTERNET

Between 2000 and 2009, the number of households using computers at home in Finland has risen steadily from 47% in 2000 to 81% in 2009 [16]. For the wired broadband subscriptions, Finland ranked 15 out of 31 countries in 2009, with the total of 1,407,500 subscriptions [17] and for the wireless subscriptions, Finland ranked 20 out of 29 countries, a total of 1,182,300 subscriptions [18].

There were almost 1.5 million broadband subscriptions and more than a million wireless subscriptions in Finland in 2009.

The Finns are active users of the Internet. According to Statistics Finland 86 per cent of the population use the Internet, and the elders seem to pace up in this development surprisingly fast, the growth in the statistics for the age groups 64 to 74 was 10% in one year. Most Finns (72%) use the Internet on a daily basis for banking (76%), for maintaining social contacts via email (77%), and for looking up information on products and goods (74%). It is also usual to search for information on the authorities and the services provided, and more and more people send forms filled with information required for the authorities via the Internet. 74 per cent of the population watch news or TV programmes in the Internet [19].

The National Library of Finland documents the contents of the Finnish web sites. This task is statutory. The library has also as one of its tasks to digitise printed matter and it reports that the number of digitised pages in 2010 was 1,064,000. The FinElib library containing electronic articles and other licensed materials was during one year visited 68,900,000 times with 196,000,000 items downloaded by the users [20].

Social media is rapidly gaining ground in Finland. In 2010, 42% of Finns aged 16 to 74 have registered as a user in at least one of the community based applications (Facebook, Twitter etc.) Two thirds of them visit daily. According to Google Analytics, the most popular search all in all since 2004 in Finland is Facebook, with YouTube on the second place followed by two local tabloid papers Iltalehti and Iltasanomat. Discussion groups like irc and suomi24 are also popular with frequent searches at all times. Alexa reports Google as the top site in Finland, which means that the other search engines have not gained much ground [21].

The Finnish Communication Regulatory Authority (Ficora) keeps the records of the registration of .fi-domains in Finland, and it is possible to follow the development of the registrations within a certain period of time. For example in January 2000, about 10 years ago, a total of 357 new .fi-domains were registered, whereas in 2011, a total of 164 new .fi-domains were registered on April 5th alone, i. e., during one day only. There are now more than 270,000 registered .fi-domains. Based on the Google-results (April 5, 2011) the number of other web sites besides the .fi-domains is approximately 110,000. That would add up to an estimate of almost 300,000 Finnish web sites altogether.

For Language Technology, the growing importance of the Internet is important in two ways. On the one hand, the large amount of digitally available language data represents a rich source for analysing the usage of natural language, in particular by collecting statistical information. On the other hand, the Internet offers a wide range of application areas for Language Technology.

The most commonly used web application is certainly Web Search, which involves the automatic processing of language on multiple levels, as we will see in more detail the second part of this paper. It involves sophisticated Language Technology, differing for each language. For Finnish, this includes coping with polysemy i. e., words denoting the same thing, e. g., *kuusi* (six) or *kuusi* (spruce tree).

It is an expressed political aim in Finland as well as other European countries to ensure equal opportunities for everyone. As early as 1998 the Sitra, the Finnish Innovation Fund, published a report "Kohti esteetöntä tietoyhteiskuntaa" (Towards a barrier-free information society), stating that the information society shall be open for all citizens who wish to access services, information and entertainment, act interactively in the internet, participate in the decision making and the society, communicate and participate also while mobile, develop oneself, and work at any time and in any place. The report highlights the possibilities of technology in providing support for the disabled in coping with everyday tasks but it also states that in Finland the know-how in 1997 was still scattered and not enough practical solutions and products emerge to answer the demand both in the national and the international markets today. Language technology has provided valuable aids such as speech synthesizer and Braille screen, an optical reader with a text-to-speech application will make it possible for a visually impaired person to read or listen to newspapers. Making the barrier-free society happen requires political commitment, cooperation and interaction between the relevant players [22].

The public agencies need to make sure that their web sites and internet services can be used by the disabled without restrictions. User-friendly language technology tools offer the principal solution to satisfy this regulation, for example by offering speech synthesis for the blind.

Internet users and providers of web content can also profit from Language Technology in less obvious ways, e. g., if it is used to automatically translate web contents from one language into another. Considering the high costs associated with manually translating these contents, comparatively little usable Language Technology is developed and applied, compared to the anticipated need. This may be due to the complexity of the Finnish language and the number of technologies involved in typical Language Technology applications. In the next chapter, we will present an introduction to Language Technology and its core application areas as well as an evaluation of the current situation of Language Technology support for Finnish.

4

LANGUAGE TECHNOLOGY SUPPORT FOR FINNISH

Language technologies are software systems designed to handle human language and are therefore often called "human language technology". Human language comes in spoken and written forms. While speech is the oldest and in terms of human evolution the most natural form of language communication, complex information and most human knowledge is stored and transmitted in written texts. Speech and text technologies process or produce these different forms of language, though they both use dictionaries and rules of grammar and semantics. This means that language technology (LT) links language to various forms of knowledge, independently of the media (speech or text) it is expressed in. Figure 1 illustrates the LT landscape. When we communicate, we combine language with other modes of communication and information media – for example speaking can involve gestures and facial expressions. Digital texts link to pictures and sounds. Movies may contain language in spoken and written form. In other words, speech and text technologies overlap and interact with other technologies that facilitate processing of multimodal communication and multimedia documents.

In the following, we will discuss the main application areas of language technology, i. e., language checking, web search, speech technology, and machine translation. This includes applications and basic technologies such as

- spelling correction
- authoring support

- computer-assisted language learning
- information retrieval
- information extraction
- text summarisation
- question answering
- speech recognition
- speech synthesis

Language technology is an established area of research with an extensive set of introductory literature. The interested reader is referred to the following references: [23, 24, 25, 26, 27].

Before discussing the above application areas, we will shortly describe the architecture of a typical LT system.

4.1 APPLICATION ARCHITECTURES

Software applications for language processing typically consist of several components that mirror different aspects of language. While such applications tend to be very complex, figure 2 shows a highly simplified architecture of a typical text processing system. The first three modules handle the structure and meaning of the text input:

1. Pre-processing: cleans the data, analyses or removes formatting, detects the input language, and so on.

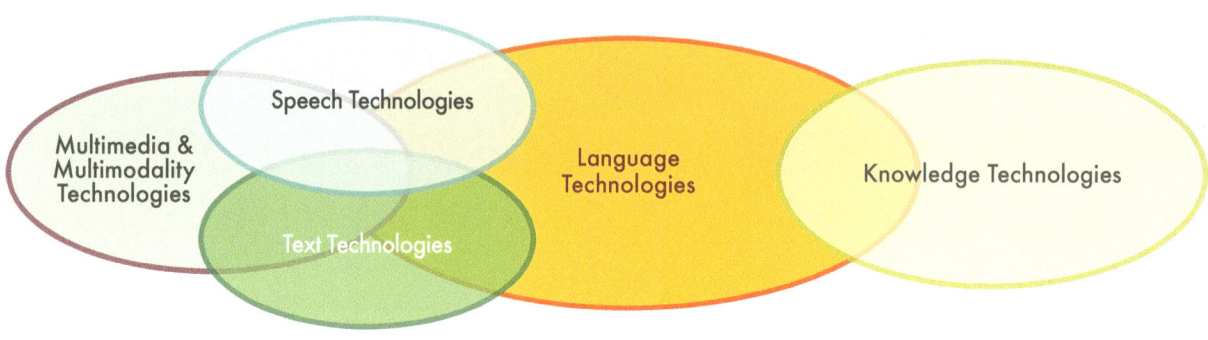

1: Language technology in context

2. Grammatical analysis: finds the verb, its objects, modifiers and other sentence elements; detects the sentence structure.

3. Semantic analysis: performs disambiguation (i. e., computes the appropriate meaning of words in a given context); resolves anaphora (i. e., which pronouns refer to which nouns in the sentence) and substitute expressions; represents the meaning of the sentence in a machine-readable way.

After analysing the text, task-specific modules can perform other operations, such as automatic summarisation and database look-ups.

In the remainder of this section, we firstly introduce the core application areas for language technology, and follow this with a brief overview of the state of LT research and education today, and a description of past and present research programmes. Finally, we present

an expert estimate of core LT tools and resources for Finnish in terms of various dimensions such as availability, maturity and quality. The general situation of LT for the Finnish language is summarised in a matrix (figure 7). LT support for Finnish is also compared to other languages that are part of this series.

4.2 CORE APPLICATION AREAS

In this section, we focus on the most important LT tools and resources, and give an overview of LT activities in Finland. Tools and resources that are boldfaced in the text can also be found in figure 7 (p. 65) at the end of this chapter.

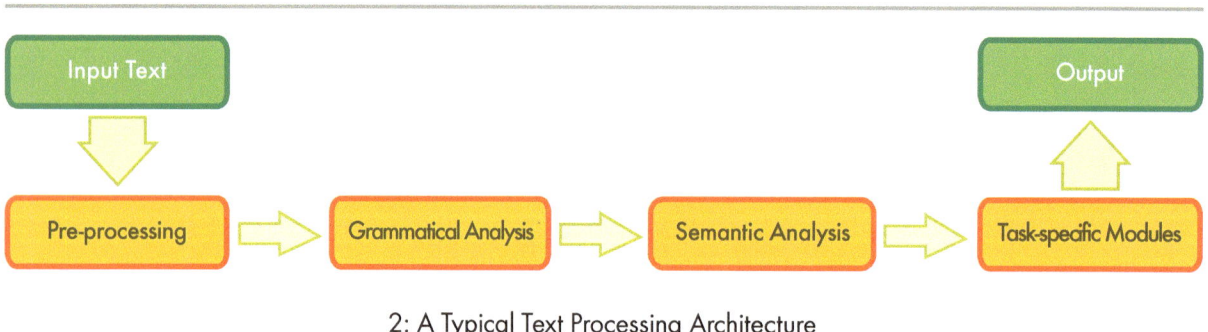

2: A Typical Text Processing Architecture

4.2.1 Language Checking

Anyone who has used a word processor knows that a spelling checker highlights spelling mistakes and proposes corrections. The first spelling correction programs compared a list of extracted words against a dictionary of correctly spelled words. Today these programs are far more sophisticated. Using language-dependent algorithms for **grammatical analysis**, they detect errors related to morphology (e. g., plural formation) as well as syntax–related errors, such as a missing verb or a conflict of verb-subject agreement (e. g., *me *kirjoittaa kirjeen* [a similar concept in English would be *she *write a letter*]). But most spell checkers will not find any errors in the following text [28]:

I have a spelling checker,
It came with my PC.
It plane lee marks four my revue
Miss steaks aye can knot sea.

Handling these kinds of errors usually requires an analysis of the context. For example: if a word needs to be written in upper case in Finnish or not:

- *Muista ottaa kaneli mukaan.*
  [Remember to take the cinnamon with you.]

- *Muista ottaa Kaneli mukaan.*
  [Remember to take Kaneli with you.]

This type of analysis either needs to draw on language-specific **grammars** laboriously coded into the software

by experts, or on a statistical language model. In this case, a model calculates the probability of a particular word as it occurs in a specific position (e. g., between the words that precede and follow it). For example, *kaneli* is a much more probable as a noun than a proper noun *Kaneli*. A statistical language model can be automatically created by using a large amount of (correct) language data (called a **text corpus**). Most of these two approaches have been developed around data from English. Neither approach can transfer easily to Finnish because the language has a flexible word order, unlimited compound building and a richer inflection system.

The use of language checking is not limited to word processors; it also applies to authoring support systems.

Language checking is not limited to word processors; it is also used in "authoring support systems", i. e., software environments in which manuals and other documentation are written to special standards for complex IT, healthcare, engineering and other products. Fearing customer complaints about incorrect use and damage claims resulting from poorly understood instructions, companies are increasingly focusing on the quality of technical documentation while targeting the international market (via translation or localisation) at the same time. Advances in natural language processing have led to the development of authoring support software, which helps the writer of technical documenta-

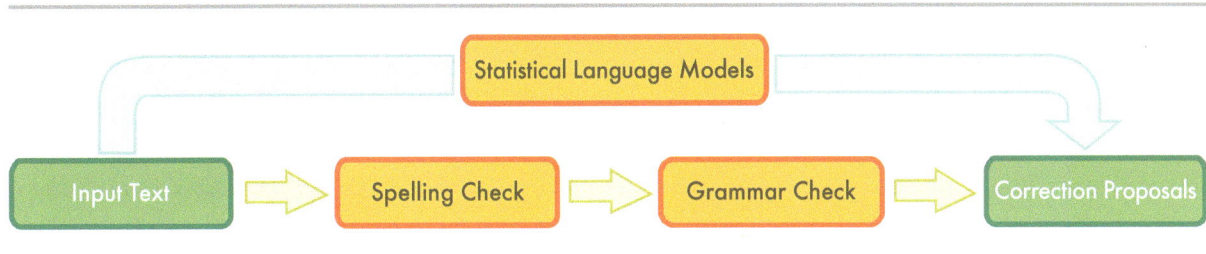

3: Language checking (top: statistical; bottom: rule-based)

tion use vocabulary and sentence structures that are consistent with industry rules and (corporate) terminology restrictions.

Finnish has a history of several small Finnish companies and Language Service Providers developing products based on various language models. Finnish is a challenging language to model, or as Antti Arppe put it in 2002: "Whereas in English one can in principle create a prototypical language engineering tool such as a simple spell-checker by merely listing and compressing the most common 100,000 words or so, in Finnish one would need to list tens if not hundreds of millions of word forms to create a speller with comparable coverage using the same technique." [37] Since the late 1980's, there has been a series of language proofing tools from available from Kielikone, nowadays specializing in dictionaries, Connexor specializing in language analysis tools, Gurusoft specializing in SOM-applications, and Lingsoft offering a wide selection of tools, including hyphenation and proofreading for Finnish.

Besides spell checkers and authoring support, language checking is also important in the field of computer-assisted language learning. And language checking applications also automatically correct search engine queries, e. g., in Google's *Did you mean...* suggestions.

4.2.2 Web Search

Searching the Web, intranets or digital libraries is probably the most widely used yet largely underdeveloped language technology application today. The Google search engine, which started in 1998, now handles about 80% of all search queries [30]. The verb *guuglata* is used in everyday speech in Finnish although there is no conventional way to spell it yet. The Google search interface and results page display has not significantly changed since the first version. Yet in the current version, Google offers spelling correction for misspelled words and has now incorporated basic semantic search capabilities that

can improve search accuracy by analysing the meaning of terms in a search query context [31]. The Google success story shows that a large volume of available data and efficient indexing techniques can deliver satisfactory results for a statistically-based approach.

For more sophisticated information requests, it is essential to integrate deeper linguistic knowledge to **semantic analysis**. Experiments using **lexical resources** such as machine-readable thesauri or ontological language resources (e. g., WordNet for English or the equivalent Finnish FinnWordNet) have demonstrated improvements in finding pages using synonyms of the original search terms, such as *atomienergia [atomic energy]*, *ydinvoima [atomic power]* and *ydinenergia [nuclear energy]*, or even more loosely related terms.

The next generation of search engines will have to include much more sophisticated language technology.

The next generation of search engines will have to include much more sophisticated language technology, in particular in order to deal with search queries consisting of a question or other sentence type rather than a list of keywords. For the query, "Give me a list of all companies that were taken over by other companies in the last five years," the LT system needs to analyse the sentence syntactically and semantically as well as provide an index to quickly retrieve relevant documents. A satisfactory answer will require syntactic parsing to analyse the grammatical structure of the sentence and determine that the user wants companies that have been acquired, not companies that acquired other companies. For the expression *last five years*, the system needs to determine the relevant years. And, the query needs to be matched against a huge amount of unstructured data to find the piece or pieces of relevant information the user wants. This is called "information retrieval", and involves searching

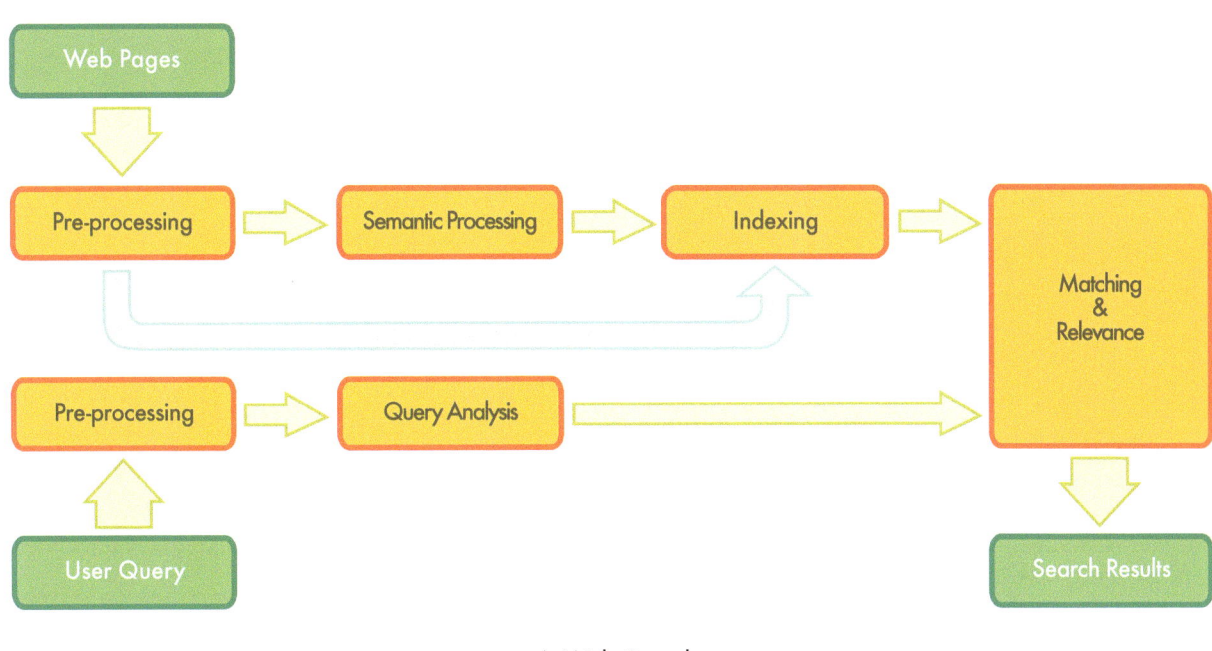

4: Web Search

and ranking relevant documents. To generate a list of companies, the system also needs to recognise a particular string of words in a document represents a company name, using a process called named entity recognition.

A more demanding challenge is matching a query in one language with documents in another language. Cross-lingual information retrieval involves automatically translating the query into all possible source languages and then translating the results back into the user's target language.

Now that data is increasingly found in non-textual formats, there is a need for services that deliver multimedia information retrieval by searching images, audio files and video data. In the case of audio and video files, a speech recognition module must convert the speech content into text (or into a phonetic representation) that can then be matched against a user query.

In Finland, there are few small and medium size enterprises to actively develop and apply search technologies at the moment, although Gurusoft specialises in applying language independent Self-organizing maps (SOM methods) to information retrieval tasks, but the product Docunaut is designed to apply the method in searches within the intranets of their customers instead of the world wide web. At present there are no ongoing large-scale Finnish language search engine projects.

4.2.3 Speech Technology

Speech interaction is one of many application areas that depend on speech technology, i. e., technologies for processing spoken language. Speech interaction technology is used to create interfaces that enable users to interact in spoken language instead of using a graphical display, keyboard and mouse.

Speech technology is the basis for creating interfaces that allow a user to interact with spoken language instead of a graphical display, keyboard and mouse.

Today, these voice user interfaces (VUI) are used for partially or fully automated telephone services provided by companies to customers, employees or partners. Business domains that rely heavily on VUIs include banking, supply chain, public transportation, and telecommunications. Other uses of speech interaction technology include interfaces to car navigation systems and the use of spoken language as an alternative to the graphical or touchscreen interfaces in smartphones.

Speech interaction technology comprises four technologies:

1. Automatic **speech recognition** (ASR) determines which words are actually spoken in a given sequence of sounds uttered by a user.

2. Natural language understanding analyses the syntactic structure of a user's utterance and interprets it according to the system in question.

3. Dialogue management determines which action to take given the user input and system functionality.

4. **Speech synthesis** (text-to-speech or TTS) transforms the system's reply into sounds for the user.

One of the major challenges of ASR systems is to accurately recognise the words a user utters. This means restricting the range of possible user utterances to a limited set of keywords, or manually creating language models that cover a large range of natural language utterances. Using machine learning techniques, language models can also be generated automatically from **speech corpora**, i.e., large collections of speech audio files and text transcriptions. Restricting utterances usually forces people to use the voice user interface in a rigid way and can damage user acceptance; but the creation, tuning and maintenance of rich language models will significantly increase costs. VUIs that employ language models and initially allow a user to express their intent more flexibly – prompted by a *How may I help you?* greeting – tend to be automated and are better accepted by users. Companies tend to use utterances pre-recorded by professional speakers for generating the output of the voice user interface. For static utterances where the wording does not depend on particular contexts of use or personal user data, this can deliver a rich user experience. But more dynamic content in an utterance may suffer from unnatural intonation because different parts of audio files have simply been strung together. Today's TTS systems are getting better (though they can still be optimised) at producing natural-sounding dynamic utterances.

Interfaces in the market for speech technology have been considerably standardised during the last decade in terms of their various technology components. There has also been strong market consolidation in speech recognition and speech synthesis. The national markets in the G20 countries (economically resilient countries with high populations) have been dominated by just five global players, with Nuance (USA) and Loquendo (Italy) being the most prominent players in Europe. In 2011, Nuance announced the acquisition of Loquendo, which represents a further step in market consolidation.

Research in speech technology has been undertaken in Finland as early as the 1960s, with some results having an international renown or impact such as the portable Synte 2 speech synthesizer, developed by the Acoustics Laboratory in the 1970s and the phonetic typewriter in the 1980s, both developed at the University of Technology (currently Aalto University). There have also been some individual speech products on the market since the early 1990s; however, their clientele have been limited mainly to special groups such as the visually impaired.

After the turn of the millennium a clear change has been witnessed. Both the public and the private sectors have embarked on major research and development projects in speech technology, which are starting to bear fruit – there now exist several basic technological solutions for both speech recognition and synthesis of Finnish that are on par with any language. Most speech technology

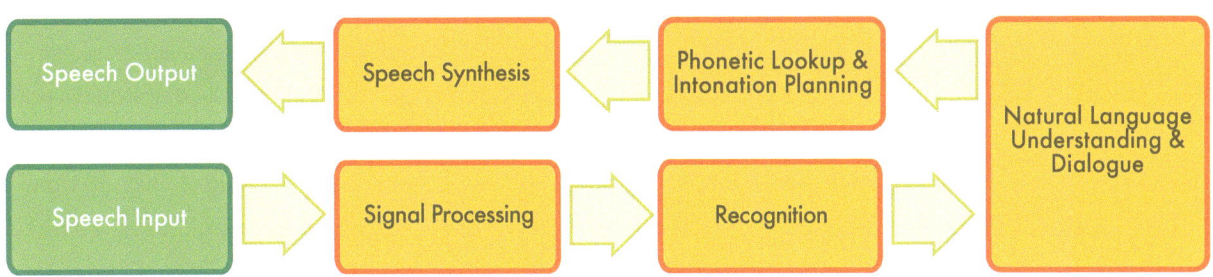

5: Speech-based dialogue system

companies working on a global level offer both TTS and ASR for Finnish. Two Finnish companies (Bitlips Oy and Timehouse Oy) offer Finnish TTS. Bitlips also has English, Finland Swedish and Welsh synthesis. Lingsoft Oy and Suomen Puheentunnistus Oy both have Finnish ASR systems and provide VUI services for several Finnish corporations.

There are currently several major research projects on speech on both TTS and ASR in Finland. The bulk of the research is done at Aalto University, University of Helsinki, Tampere University of Technology. The main industrial contributor to speech research in Finland has traditionally been Nokia.

Regarding dialogue management technology and know-how, there exist no SMEs offering products in these areas. Finally, within the domain of Speech Interaction, a genuine market for the linguistic core technologies for syntactic and semantic analysis does not exist yet.

Looking ahead, there will be significant changes due to the spread of smartphones as a new platform for managing customer relationships in addition to fixed telephones, the Internet and e-mail. This will also affect how speech technology is used. In the long run, there will be fewer telephone-based VUIs and spoken language will play a far more central role as a user-friendly input for smartphones. This will be largely driven by stepped improvements in the accuracy of speaker-independent speech recognition via speech dictation services already offered as centralised services to smartphone users.

4.2.4 Machine Translation

The idea of using digital computers to translate natural languages goes back to 1946 and was followed by substantial funding for research during the 1950s and again in the 1980s. Yet **machine translation** (MT) still cannot meet its initial promise of across-the-board automated translation.

At its basic level, Machine Translation simply substitutes words in one natural language with words in another language.

The most basic approach to machine translation is to automatically replace the words in a text in one natural language by words in another language. This can be useful in subject domains that have a very restricted, formulaic language such as weather reports. But to produce a good translation of less standardised texts, larger text units (phrases, sentences, or even whole passages) need to be matched to their closest counterparts in the target language. The major difficulty is that human language is ambiguous. Ambiguity creates challenges on multiple levels, such as word sense disambiguation at the lexical level (a *jaguar* is a brand of car or an animal) or the assignment of case on the syntactic level, for example:

- *Poliisi tarkkaili miestä mäellä.*
  [The policeman observed the man on the hill.]
- *Poliisi tarkkaili miestä kiikarilla.*
  [The policeman observed the man with binoculars.]

One way to build an MT system is to use linguistic rules. For translations between closely related languages, a direct substitution translation may be feasible in cases like the above example. However, rule-based (or linguistic knowledge-driven) systems often analyse the input text and create an intermediary symbolic representation from which the text can be generated into the target language. The success of these methods is highly dependent on the availability of extensive lexicons with morphological, syntactic, and semantic information, and large sets of grammar rules carefully designed by skilled linguists. This is a very long and therefore costly process.

In the late 1980s when computational power increased and became cheaper, there was more interest in statistical models for machine translation. Statistical models are derived from analysing bilingual text corpora, such as the Europarl **parallel corpus**, which contains the proceedings of the European Parliament in 21 European languages. Given enough data, statistical MT works well enough to derive an approximate meaning of a foreign language text by processing parallel versions and finding plausible patterns of words. But unlike knowledge-driven systems, statistical (or data-driven) MT often generates ungrammatical output. Data-driven MT is advantageous because less human effort is required, and it can also cover special particularities of the language (e. g., idiomatic expressions) that can get ignored in knowledge-driven systems.

The strengths and weaknesses of knowledge-driven and data-driven machine translation tend to be complementary, so that nowadays researchers focus on hybrid approaches that combine both methodologies. One approach uses both knowledge-driven and data-driven systems together with a selection module that decides on the best output for each sentence. However, results for sentences longer than say 12 words will often be far from perfect. A better solution is to combine the best parts of each sentence from multiple outputs; this can be fairly complex, as corresponding parts of multiple alternatives are not always obvious and need to be aligned.

Machine Translation is particularly challenging for the Finnish language.

Finland missed out on first generation machine translation, but caught the second wave of rule-based machine translation in the 80's. A long-term nationally funded R&D project Kielikone first developed the necessary Finnish analysis tools and used them to build a rule-based Finnish-to-English MT system in the 90's that subsequently became a commercial product. IBM Finland researched English-to-Finnish transfer based on the IBM English parser at the turn of the 90's but did not reach product stage. Sunda, a newer rule based system developed from the Kielikone technology base, now sells relatively good quality English-to-Finnish MT. Google and Microsoft provide statistical MT for Finnish, but the quality remains poor, due to the complexity of Finnish morphology and the free word order which current statistical MT is poorly equipped for. The technical university has a group working on statistical language modelling of Finnish, including Finnish morphology and SMT.

There is still a huge potential for improving the quality of MT systems. The challenges involve adapting language resources to a given subject domain or user area, and integrating the technology into workflows that already have term bases and translation memories. Another problem is that most of the current systems are

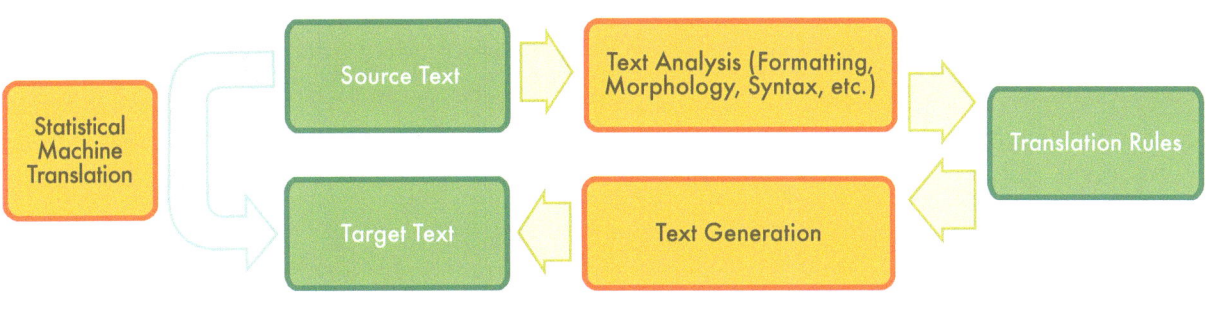

6: Machine translation (left: statistical; right: rule-based)

English-centred and only support a few languages from and into Finnish. This leads to friction in the translation workflow and forces MT users to learn different lexicon coding tools for different systems.

Evaluation campaigns help compare the quality of MT systems, the different approaches and the status of the systems for different language pairs. Figure 7 (page 26), which was prepared during the EC Euromatrix+ project, shows the pair-wise performances obtained for 22 of the 23 official EU languages. (Irish was not compared.). The results are ranked according to a BLEU score, which indicates higher scores for better translations [32]. A human translator would achieve a score of around 80 points.

The best results (in green and blue) were achieved by languages that benefit from a considerable research effort in coordinated programs and from the existence of many parallel corpora (e. g., English, French, Dutch, Spanish and German). The languages with poorer results are shown in red. These languages either lack such development efforts or are structurally very different from other languages (e. g., Hungarian, Maltese and Finnish).

4.3 OTHER APPLICATION AREAS

Building language technology applications involves a range of subtasks that do not always surface at the level of interaction with the user, but they provide signifi-cant service functionalities "under the hood" of the system in question. They all form important research issues that have now evolved into individual sub-disciplines of computational linguistics.

Language technology applications often provide significant service functionalities "under the hood" of larger software systems.

Question answering, for example, is an active area of research for which annotated corpora have been built and scientific competitions have been initiated. The concept of question answering goes beyond keyword-based searches (in which the search engine responds by delivering a collection of potentially relevant documents) and enables users to ask a concrete question to which the system provides a single answer. For example:

Question: How old was Neil Armstrong when he stepped on the moon?
Answer: 38.

While question answering is obviously related to the core area of web search, it is nowadays an umbrella term for such research issues as what different types of questions there are, and how they should be handled; how a set of documents that potentially contain the answer can be analysed and compared (do they provide conflicting answers?); and how specific information (the answer) can be reliably extracted from a document without ignoring the context.

Question answering is in turn related to information extraction (IE), an area that was extremely popular and influential when computational linguistics took a statistical turn in the early 1990s. IE aims to identify specific pieces of information in specific classes of documents, such as detecting the key players in company takeovers as reported in newspaper stories. Another common scenario that has been studied is reports on terrorist incidents. The problem here is to map the text to a template that specifies the perpetrator, target, time, location and results of the incident. Domain-specific template-filling is the central characteristic of IE, which makes it another example of a "behind the scenes" technology that forms a well-demarcated research area that in practice needs to be embedded into a suitable application environment.

For the Finnish language, research in most text technologies is much less developed than for the English language.

Text summarisation and **text generation** are two borderline areas that can act either as standalone applications or play a supporting role "under the hood". Summarisation attempts to give the essentials of a long text in a short form, and is one of the features available in Microsoft Word. It mostly uses a statistical approach to identify the "important" words in a text (i. e., words that occur very frequently in the text in question but less frequently in general language use) and determine which sentences contain the most of these "important" words. These sentences are then extracted and put together to create the summary. In this very common commercial scenario, summarisation is simply a form of sentence extraction, and the text is reduced to a subset of its sentences. An alternative approach, for which some research has been carried out, is to generate brand new sentences that do not exist in the source text. This requires a deeper understanding of the text, which means that so far this approach is far less robust. On the whole, a text generator is rarely used as a stand-alone application but is embedded into a larger software environment, such as a clinical information system that collects, stores and processes patient data. Creating reports is just one of many applications for text summarisation.

For the Finnish language, research in these text technologies is much less developed than for the English language. Question answering, information extraction, and summarisation have been the focus of numerous open competitions in the USA since the 1990s, primarily organised by the government-sponsored organisations DARPA and NIST. These competitions have significantly improved the start-of-the-art, but their focus has mostly been on the English language. As a result, there are hardly any annotated corpora or other special resources needed to perform these tasks in Finnish. When summarisation systems use purely statistical methods, they are largely language-independent and a number of research prototypes are available. For text generation, reusable components have traditionally been limited to surface realisation modules (generation grammars) and most of the available software is for the English language.

4.4 EDUCATIONAL PROGRAMMES

Language technology is a very interdisciplinary field that involves the combined expertise of linguists, computer scientists, mathematicians, philosophers, psycholinguists, and neuroscientists among others. Language Technology has been taught as a major subject at the University of Helsinki since 1994, and it has been active in cooperation with other universities offering courses in the neighbouring fields on both national and international level. The national level includes the establishment of KIT Network for Language Technology Studies in 2001 with 10 universities all over Finland participating in course exchange and a common syllabus. The formal agreement between the universities ended in 2007 but the students enrolled in Finnish universities can apply for a grant from their faculties to take Language Technology courses within the network. The KIT Network universities include Aalto University, University of Eastern Finland, University of Helsinki, University of Jyväskylä, University of Tampere, Technical University of Tampere, University of Turku, University of Vaasa, University of Oulu, and Åbo Akademi in Turku.

During 2006–2009 the students with a sufficient knowledge in Language Technology could, after completing their BA, apply for a special master's degree in Language Technology at the University of Helsinki. The master's degree programme offered an option to focus on language technology, speech technology or translation studies as a major. In 2009 the formal Master's degree programme came to end with the new organisation structures taking place, and it is now possible to apply to study advanced studies offered by the language technology subject towards an MA in language technology.

The Graduate School of Language Technology in Finland (the KIT Graduate School) was a multidisciplinary national graduate school, functioning during 2004–2009 as part of the emerging network of graduate schools of language technology in the Nordic countries, Nordic Graduate School of Language Technology, NGSLT. The KIT Graduate School was granted five PhD student positions for two four-year periods 2002–2005 and 2006–2009. From the beginning of 2010 the graduate school merged with LANGNET, the Finnish doctoral programme in language studies, and became one of its programmes.

The education of language technology researchers in sufficient numbers is nevertheless a prerequisite for the diverse research and thus the development of successful commercial activity [33].

4.5 NATIONAL PROJECTS AND EFFORTS

The most important agencies for research funding in Finland are the Academy of Finland financed by the Ministry of Education and Culture and the Finnish Funding Agency for Technology and Innovation (Tekes) financed by the Ministry of Trade and Industry [34]. Sitra, The Finnish National Fund for Research and Development had provided funding for the MT project Kielikone in the 1980's Public support from TEKES has been an important source of funding for basic research especially through two large technology programs, USIX (User-Oriented Information Technology) 1999–2002 and FENIX (Interactive Computing) 2003–2007.

The USIX technology program aimed at raising the needs of the users and the consumers of products and technologies by providing Finnish enterprises and research institutions with funding for improving the quality of the products and technologies. Some of the core technologies identified in the program were Finnish speech recognition, large data management and search interfaces. The program financed 181 projects with the total volume of 84 MEUR (44 MEUR provided by Tekes) of which 29% were research projects. Examples of NLP USIX projects are WEBSOM developing Self-Organizing Map (SOM) technologies and GILTA on Managing Large Text Masses, INTERACT, STT Speech-to-Text (research and development of the phonemic speech recognition for Finnish), the joint project for Finnish speech technology SuoPuhe, Noise Robust Multilingual Speech Recognition, Dictionaries and language checking tools, and Multilingual adaptive translation knowledge base, led jointly by most Finnish universities and several enterprises. Several commercial products developed within the USIX framework are available in the market today [35].

The NLP projects carried out within the FENIX technology program include FENIX 4M (Mobile and Multilingual Maintenance Man) and FinnONTO (Semantic Web Ontologies) at the University of Helsinki, New methods and applications in speech processing and Search-in-a-Box (University of Turku), Rich semantic media for personal and professional users (VTT Technical Research Centre of Finland) and Intelligent Web Services (Helsinki School of Science and Technology), StatHouse Semantics and Automatic content classification and ontologies (Seerco Ltd) [38].

Recently, A joint project on speech synthesis between the University of Helsinki and Aalto University has been very successful in the new field of statistical parametric synthesis based on Hidden Markov Models and a new, physiologically grounded vocoding technology. Developing speech synthesis is very data oriented.

EU funded projects in Finland since the 1980's include LR SIMPLE, LR PAROLE and MLIS 5008 LINGMACHINE. The Common Language Resources and Technology Infrastructure (CLARIN) was funded by the Commission during 2008–2010, and the work within the initiative continues. The national part FIN-CLARIN is funded by the Ministry of Education and Culture. The FIN-CLARIN consortium comprises the following partners: IT Center for Science CSC, The Institute for the Languages of Finland KOTUS, the universities of Helsinki, Eastern Finland, Jyväskylä, Oulu, Tampere, Turku, Vaasa, Aalto University and Åbo Akademi. HFST (Helsinki Finite State Transducer Technology), OMor (Open Source Morphologies), FinnWordNet, and FinnTreeBank are examples of currently ongoing projects.

Language Technology at the University of Helsinki also cooperated in 2000–2004 on an international level in several projects within the *Språgteknologiprogram* (Nordic Language Technology Research Program) funded by the Nordic Council of Ministers. The Finnish Language Technology documentation centre FiLT was established to promote availability of language technology resources, both for commercial and academic players.

As we have seen, previous programmes have led to the development of a number of LT tools and resources for the Finnish language. In the following section, the current state of LT support for Finnish is summarised.

4.6 AVAILABILITY OF TOOLS AND RESOURCES

Table 7 summarises the current state of language technology support for the Finnish language. The rating for existing tools and resources was generated by leading experts in the field who provided estimates based on a scale from 0 (very low) to 6 (very high) according to seven criteria.

The key results for the Finnish language can be summed up as follows:

- While some specific corpora of high quality exist, sufficiently large syntactically annotated corpora are not available yet and many of the resources lack standardisation. The commercial sector in Finland needs large, up-to date resources for the product development targeted to the big public.

- There are several tools for syntactical analysis available based on various linguistic models. In general, they work well given the particularities of the Finnish language. Work on semantics has not led to applications yet.

- In Speech technology, the biggest leap forward in Finland has been taken in the area of speech recog-

	Quantity	Availability	Quality	Coverage	Maturity	Sustainability	Adaptability
Language Technology: Tools, Technologies and Applications							
Speech Recognition	3	2	4	3	3	3	4
Speech Synthesis	3	3	5	4	4	4	4
Grammatical analysis	3,5	3,5	3,5	4	4	3,5	3,5
Semantic analysis	0,4	0,4	1	1	1	1,4	0,7
Text generation	3	3	4	2	3	3	4
Machine translation	3	1	4	2	3	1	2
Language Resources: Resources, Data and Knowledge Bases							
Text corpora	3	4	4	3,5	3,5	3,5	4
Speech corpora	2	3	3	2	2	2	2
Parallel corpora	1	2	3	2	2	3	3
Lexical resources	3	4	3,5	4	3,5	3,5	3,5
Grammars	2	5	4	4	4	3	3

7: State of language technology support for Finnish

nition. Due to the particularities of Finnish, the word lists or lexicons required for speech recognition have been impractically large. A speech technology research group at the Helsinki University of Technology (Aalto university) presented already in 2002 a method for automated word segmentation that enabled reducing the size of the lexicon dramatically. This breakthrough has not yet been implemented in the commercial sector. Speech synthesis research has moved forward considerably during the last few years. However, the work is still in the laboratory phase, and considerable resources are needed to bring the system to the market. Speech corpora are hard to collect and require a lot of work.

- There are only very few projects working on information retrieval for Finnish. It is more usual to take an existing tool and implement a Finnish stemmer as part of it leading to licensing and limited rights to use the tool in other environments.

- There are few multimodal resources and virtually no advanced discourse processing tools available for Finnish.

- An unclear legal situation restricts making use of digital texts, such as those published online by newspapers, for empirical linguistic and language technology research, for example, to train statistical language models. Together with politicians and policy makers, researchers should try to establish laws or regulations that enable researchers to use publicly available texts for language-related R&D activities.

To conclude, in a number of specific areas of Finnish language research, we have software with limited functionality available today. Obviously, further research efforts are required to meet the current deficit in processing texts on a deeper semantic level and to address the lack of resources such as parallel corpora for machine translation.

4.7 CROSS-LANGUAGE COMPARISON

The current state of LT support varies considerably from one language community to another. In order to compare the situation between languages, this section will present an evaluation based on two sample application areas (machine translation and speech processing) and one underlying technology (text analysis), as well as basic resources needed for building LT applications.

The languages were categorised using the following five-point scale:

1. Excellent support
2. Good support
3. Moderate support
4. Fragmentary support
5. Weak or no support

Language Technology support was measured according to the following criteria:

- Speech Processing: Quality of existing speech recognition technologies, quality of existing speech synthesis technologies, coverage of domains, number and size of existing speech corpora, amount and variety of available speech-based applications
- Machine Translation: Quality of existing MT technologies, number of language pairs covered, coverage of linguistic phenomena and domains, quality and size of existing parallel corpora, amount and variety of available MT applications

- Text Analysis: Quality and coverage of existing text analysis technologies (morphology, syntax, semantics), coverage of linguistic phenomena and domains, amount and variety of available applications, quality and size of existing (annotated) text corpora, quality and coverage of existing lexical resources (e. g., WordNet) and grammars

- Resources: Quality and size of existing text corpora, speech corpora and parallel corpora, quality and coverage of existing lexical resources and grammars

Figures 8 to 11 (p. 68 and 69) show that the LT funding and thus the resources available for developing resources for the Finnish language in the recent decades has been smaller than for the major European languages in general, and particularly English. Based on the evaluation, machine translation technologies for Finnish have been classified to the cluster of low support. For speech processing, current technologies perform well enough to be successfully integrated into a number of industrial applications such as spoken dialogue and dictation systems, especially for special languages. The need for language resources both for text and speech technologies is evident. Text analysis components already cover the linguistic phenomena of Finnish to a certain extent and form part of many applications, e. g. spelling correction and function on a satisfactory level.

For building more sophisticated applications, such as machine translation, there is a clear need for resources and technologies that cover a wider range of linguistic aspects and allow a deep semantic analysis of the input text. By improving the quality and coverage of these basic resources and technologies, we shall be able to open up new opportunities for tackling a vast range of advanced application areas, including high-quality machine translation.

4.8 CONCLUSIONS

In this series of white papers, we have made an important effort by assessing the language technology support for 30 European languages, and by providing a high-level comparison across these languages. By identifying the gaps, needs and deficits, the European language technology community and its related stakeholders are now in a position to design a large scale research and development programme aimed at building a truly multilingual, technology-enabled communication across Europe.

We have seen that there are huge differences between Europe's languages. While there are good quality software and resources available for some languages and application areas, others (usually 'smaller' languages) have substantial gaps. Many languages lack basic technologies for text analysis and the essential resources for developing these technologies. Others have basic tools and resources but are as yet unable to invest in semantic processing. We therefore still need to make a large-scale effort to attain the ambitious goal of providing high-quality machine translation between all European languages.

Basic research in language technology was well funded in the 1980's and 1990's but since then the funding has been less satisfying. Even if some language technology development projects received funding in the 2000's from the leading Finnish funding agencies, the Finnish Funding Agency for Technology and Innovation (Tekes) and the Academy of Finland, the results and material developed in these projects have not been widely and openly distributed. As the present report shows, the situation in language technology is acceptable only for the most basic tools and resources. Finland is lagging behind in the development of essential digital resources necessary for the survival of a language as defined in the BLARK (Basic Language Resource Kit) for speech, text and lexicons. The BLARK is essential in developing the language technology modules for creating language technology tools. There is a growing demand for large-scale up-to-date resources for the language technology research and product development for the benefit of the Finnish society.

Current efforts within the large-scale European research infrastructure project Common Language Re-sources and Technology Infrastructure (CLARIN) and in the Multilingual Europe Technology Alliance (META) aim at supporting language resource and technology distribution and access on a European level. However, the national needs in Finland have not yet been adequately addressed.

Our findings show that the only alternative is to make a substantial effort to create LT resources for Finnish, and use them to drive forward research, innovation and development. The need for large amounts of data and the extreme complexity of language technology systems makes it vital to develop a new infrastructure and a more coherent research organisation to spur greater sharing and cooperation.

There is also a lack of continuity in research and development funding. Short-term coordinated programmes tend to alternate with periods of sparse or zero funding. We can therefore conclude that there is a desperate need for a large, coordinated initiative focused on overcoming the differences in language technology readiness for European languages as a whole.

META-NET's long-term goal is to introduce high-quality language technology for all languages in order to achieve political and economic unity through cultural diversity. The technology will help tear down existing barriers and build bridges between Europe's languages. This requires all stakeholders – in politics, research, business, and society – to unite their efforts for the future.

Excellent support	Good support	Moderate support	Fragmentary support	Weak/no support
	English	Czech	Basque	Croatian
		Dutch	Bulgarian	Icelandic
		Finnish	Catalan	Latvian
		French	Danish	Lithuanian
		German	Estonian	Maltese
		Italian	Galician	Romanian
		Portuguese	Greek	
		Spanish	Hungarian	
			Irish	
			Norwegian	
			Polish	
			Serbian	
			Slovak	
			Slovene	
			Swedish	

8: Speech processing: state of language technology support for 30 European languages

Excellent support	Good support	Moderate support	Fragmentary support	Weak/no support
	English	French	Catalan	Basque
		Spanish	Dutch	Bulgarian
			German	Croatian
			Hungarian	Czech
			Italian	Danish
			Polish	Estonian
			Romanian	**Finnish**
				Galician
				Greek
				Icelandic
				Irish
				Latvian
				Lithuanian
				Maltese
				Norwegian
				Portuguese
				Serbian
				Slovak
				Slovene
				Swedish

9: Machine translation: state of language technology support for 30 European languages

Excellent support	Good support	Moderate support	Fragmentary support	Weak/no support
	English	Dutch French German Italian Spanish	Basque Bulgarian Catalan Czech Danish **Finnish** Galician Greek Hungarian Norwegian Polish Portuguese Romanian Slovak Slovene Swedish	Croatian Estonian Icelandic Irish Latvian Lithuanian Maltese Serbian

10: Text analysis: state of language technology support for 30 European languages

Excellent support	Good support	Moderate support	Fragmentary support	Weak/no support
	English	Czech Dutch French German Hungarian Italian Polish Spanish Swedish	Basque Bulgarian Catalan Croatian Danish Estonian **Finnish** Galician Greek Norwegian Portuguese Romanian Serbian Slovak Slovene	Icelandic Irish Latvian Lithuanian Maltese

11: Speech and text resources: state of support for 30 European languages

5

ABOUT META-NET

META-NET is a Network of Excellence partially funded by the European Commission. The network currently consists of 54 research centres in 33 European countries [2]. META-NET forges META, the Multilingual Europe Technology Alliance, a growing community of language technology professionals and organisations in Eu-rope. META-NET fosters the technological foundations for a truly multilingual European information society that:

- makes communication and cooperation possible across languages;
- grants all Europeans equal access to information and knowledge regardless of their language;
- builds upon and advances functionalities of networked information technology.

The network supports a Europe that unites as a single digital market and information space. It stimulates and promotes multilingual technologies for all European languages. These technologies support automatic translation, content production, information processing and knowledge management for a wide variety of subject domains and applications. They also enable intuitive language-based interfaces to technology ranging from household electronics, machinery and vehicles to computers and robots. Launched on 1 February 2010, META-NET has already conducted various activities in its three lines of action META-VISION, META-SHARE and META-RESEARCH.

META-VISION fosters a dynamic and influential stakeholder community that unites around a shared vision and a common strategic research agenda (SRA).

The main focus of this activity is to build a coherent and cohesive LT community in Europe by bringing together representatives from highly fragmented and diverse groups of stakeholders. The present White Paper was prepared together with volumes for 29 other languages. The shared technology vision was developed in three sectorial Vision Groups. The META Technology Council was established in order to discuss and to prepare the SRA based on the vision in close interaction with the entire LT community.

META-SHARE creates an open, distributed facility for exchanging and sharing resources. The peer-to-peer network of repositories will contain language data, tools and web services that are documented with high-quality metadata and organised in standardised categories. The resources can be readily accessed and uniformly searched. The available resources include free, open source materials as well as restricted, commercially available, fee-based items.

META-RESEARCH builds bridges to related technology fields. This activity seeks to leverage advances in other fields and to capitalise on innovative research that can benefit language technology. In particular, the action line focuses on conducting leading-edge research in machine translation, collecting data, preparing data sets and organising language resources for evaluation purposes; compiling inventories of tools and methods; and organising workshops and training events for members of the community.

office@meta-net.eu – http://www.meta-net.eu

VIITTEET REFERENCES

[1] Aljoscha Burchardt, Markus Egg, Kathrin Eichler, Brigitte Krenn, Jörn Kreutel, Annette Leßmöllmann, Georg Rehm, Manfred Stede, Hans Uszkoreit, and Martin Volk. *Die Deutsche Sprache im Digitalen Zeitalter – The German Language in the Digital Age*. META-NET White Paper Series. Georg Rehm and Hans Uszkoreit (Series Editors). Springer, 2012.

[2] Georg Rehm and Hans Uszkoreit. Multilingual Europe: A challenge for language tech. *MultiLingual*, 22(3):51–52, April/May 2011.

[3] Aljoscha Burchardt, Georg Rehm, and Felix Sasaki. The Future European Multilingual Information Society – Vision Paper for a Strategic Research Agenda, 2011. http://www.meta-net.eu/vision/reports/meta-net-vision-paper.pdf.

[4] European Commission Directorate-General Information Society and Media. *User Language Preferences Online*, number 313 in Flash Eurobarometer, 2011. http://ec.europa.eu/public_opinion/flash/fl_313_en.pdf.

[5] European Commission. *Multilingualism: An Asset for Europe and a Shared Commitment*, Brussels, 2008. http://ec.europa.eu/languages/pdf/comm2008_en.pdf.

[6] UNESCO Director-General. Intersectoral mid-term strategy on languages and multilingualism, 2007. http://unesdoc.unesco.org/images/0015/001503/150335e.pdf.

[7] European Commission Directorate-General for Translation. *Size of the Language Industry in the EU*, Kingston Upon Thames, 2009. Listed at http://ec.europa.eu/dgs/translation/publications/studies.

[8] Finnish National Board of Education. Literacy in Finland. http://www.oph.fi/english/sources_of_information/pisa/literacy_in_finland.

[9] The Finnish PISA 2006 pages. http://www.pisa2006.helsinki.fi/.

[10] Finnish National Board of Education. Higher Education. http://www.oph.fi/english/education/higher_education.

[11] Auli Hakulinen et al. *Suomen kielen tulevaisuus – Kielipoliittinen toimintaohjelma [The Future of the Finnish language - Language Policy Agenda]*. Number 7 in Kotimaisten kielten tutkimuskeskuksen verkkojulkaisuja [Online publications of the Research Institute for the Languages of Finland]. Kotimaisten kielten tutkimuskeskus [The Research Institute for the Languages of Finland], 2009. http://scripta.kotus.fi/www/verkkojulkaisut/julk7/suomen_kielen_tulevaisuus_kotus_verkkojulkaisuja_7.pdf.

[12] Linkkejä ulkopuolelle [links to Finnish in universities]. http://www.helsinki.fi/hum/skl/linkit.htm#ulko.

[13] Finnish Board of Education. http://www.oph.fi/english/sources_of_information/pisa.

[14] Aino Piehl. Virkamiehet EU:n säädösvalmistelussa: tasapainoilua oman kielen ja työkielten välissä [Civil Servants in the Legislative Drafting of the EU: Balancing between one's own Language and Work Languages]. In Richard Foley, Tarja Salmi-Tolonen, Iris Tukiainen, and Birgitta Vehmas, editors, *Kielen ja oikeuden kohtaamisia [Encounters between Language and Rights]*, page 273–282. Talentum, Helsinki, 2008. (A related abstract in English: http://www.kotus.fi/index.phtml?l=en&s=3079.).

[15] OECD:n maatutkintaraportti 2010, 119, Better Regulation in Europe: Finland [OECD's Country Report 2010, 119, Better Regulation in Europe: Finland]. http://www.oecd.org/document/9/0,3343,en_2649_34141_45056137_1_1_1_1,00.html.

[16] OECD, ICT database and Eurostat, Community Survey on ICT usage in households and by individuals, July 2010. http://www.oecd.org/.

[17] OECD Fixed (wired) broadband subscriptions per 100 inhabitants, by technology, June 2010. http://www.oecd.org/.

[18] OECD Terrestrial mobile wireless broadband subscriptions per 100 inhabitants, by technology, June 2010. http://www.oecd.org/.

[19] Tullihallitus [National Board of Customs]. Suomen virallinen tilasto (SVT): Tavaroiden tuonti, vienti ja kauppatase maanosittain, maaryhmittäin ja maittain [verkkojulkaisu] [official statistics of finland: Import and export of goods and trade balance by continents, regions and countries [online publication]], 2010. http://www.stat.fi/til/ttvkmmm/index.html [viitattu 13.10.2011].

[20] Statistics about The National Library of Finland, May 2011. http://www.nationallibrary.fi/infoe/statistics.html.

[21] Top sites in Finland. http://www.alexa.com/topsites/countries/FI.

[22] Marjo Rauhala-Hayes, Päivi Topo, and Anna-Liisa Salminen. *Kohti esteetöntä tietoyhteiskuntaa [Towards an Accessible Information Society]*. SITRA [SITRA - The Finnish Innovation Fund], 1998. http://www.sitra.fi/julkaisut/tietoyhteiskunta/sitra172.pdf.

[23] Kai-Uwe Carstensen, Christian Ebert, Cornelia Ebert, Susanne Jekat, Hagen Langer, and Ralf Klabunde, editors. *Computerlinguistik und Sprachtechnologie: Eine Einführung (Computational Linguistics and Language Technology: An Introduction)*. Spektrum Akademischer Verlag, 2009.

[24] Daniel Jurafsky and James H. Martin. *Speech and Language Processing*. Prentice Hall, 2nd edition, 2009.

[25] Christopher D. Manning and Hinrich Schütze. *Foundations of Statistical Natural Language Processing*. MIT Press, 1999.

[26] Language Technology World (LT World). http://www.lt-world.org.

[27] Ronald Cole, Joseph Mariani, Hans Uszkoreit, Giovanni Battista Varile, Annie Zaenen, and Antonio Zampolli, editors. *Survey of the State of the Art in Human Language Technology*. Cambridge University Press, 1998.

[28] Jerrold H. Zar. Candidate for a pullet surprise. *Journal of Irreproducible Results*, 39(1):13, January/February 1994. http://www.jir.com/pullet.html (first verse).

[29] Antti Arppe. Ei yhtä ainoaa polkua – Suomalaisia kokemuksia matkalla kieliteknologisesta tutkimuksesta liiketoimintaan, 2002. https://kitwiki.csc.fi/twiki/bin/view/FiLT/ArppeFi.

[30] Spiegel Online. Google zieht weiter davon (Google is still leaving everybody behind), 2009. http://www.spiegel.de/netzwelt/web/0,1518,619398,00.html.

[31] Juan Carlos Perez. Google rolls out semantic search capabilities. *PC World*, March 2009.

[32] Kishore Papineni, Salim Roukos, Todd Ward, and Wei-Jing Zhu. BLEU: A method for automatic evaluation of machine translation. In *Proceedings of the 40th Annual Meeting of ACL*, Philadelphia, PA, 2002.

[33] Antti Arppe. Forward with Feet on the Ground – Speech Technology the Finnish Way, 2003. https://kitwiki.csc.fi/twiki/bin/view/FiLT/PuheteknologiaEn.

[34] Krister Lindén, Kimmo Koskenniemi, and Torbjørn Nordgård, editors. *Expert Panel Report: The Nordic Countries – A Leading Region in Language Technology*. University of Helsinki, Department of General Linguistics, 2007. http://www.ling.helsinki.fi/laitos/julkaisut/sprakvisreport.pdf.

[35] Tekes [Tekes – the Finnish Funding Agency for Technology and Innovation]. *USIX – Uusi käyttäjäkeskeinen tietotekniikka 1999–2003: loppuraportti [USIX – New User-Oriented Information Technology 1999–2003: Final Report]*. Tekes [Tekes – the Finnish Funding Agency for Technology and Innovation], 2003. www.tekes.fi/fi/document/43297/usix_loppuraportti_pdf.

[36] Tekes. FENIX – Interactive Computing (loppuraportti), 2007. www.tekes.fi/fi/document/42919/fenix_arviointi_pdf.

[37] Antti Arppe. No single path – Finnish lessons in the commercialization of language technology research, 2002. https://kitwiki.csc.fi/twiki/bin/view/FiLT/ArppeEn.

[38] Tekes. FENIX – Interactive Computing (final report), 2007. www.tekes.fi/en/document/43003/fenix_interactive_computing_pdf.

META-NET JÄSENET   META-NET MEMBERS

Alankomaat	Netherlands	Utrecht Institute of Linguistics, Utrecht University: Jan Odijk
		Computational Linguistics, University of Groningen: Gertjan van Noord
Belgia	Belgium	Computational Linguistics and Psycholinguistics Research Centre, University of Antwerp: Walter Daelemans
		Centre for Processing Speech and Images, University of Leuven: Dirk van Compernolle
Britannia	UK	School of Computer Science, University of Manchester: Sophia Ananiadou
		Institute for Language, Cognition and Computation, Center for Speech Technology Research, University of Edinburgh: Steve Renals
		Research Institute of Informatics and Language Processing, University of Wolverhampton: Ruslan Mitkov
Bulgaria	Bulgaria	Institute for Bulgarian Language, Bulgarian Academy of Sciences: Svetla Koeva
Espanja	Spain	Barcelona Media: Toni Badia, Maite Melero
		Institut Universitari de Lingüística Aplicada, Universitat Pompeu Fabra: Núria Bel
		Aholab Signal Processing Laboratory, University of the Basque Country: Inma Hernaez Rioja
		Center for Language and Speech Technologies and Applications, Universitat Politècnica de Catalunya: Asunción Moreno
		Department of Signal Processing and Communications, University of Vigo: Carmen García Mateo
Irlanti	Ireland	School of Computing, Dublin City University: Josef van Genabith
Islanti	Iceland	School of Humanities, University of Iceland: Eiríkur Rögnvaldsson
Italia	Italy	Consiglio Nazionale delle Ricerche, Istituto di Linguistica Computazionale "Antonio Zampolli": Nicoletta Calzolari
		Human Language Technology Research Unit, Fondazione Bruno Kessler: Bernardo Magnini
Itävalta	Austria	Zentrum für Translationswissenschaft, Universität Wien: Gerhard Budin
Kreikka	Greece	R.C. "Athena", Institute for Language and Speech Processing: Stelios Piperidis
Kroatia	Croatia	Institute of Linguistics, Faculty of Humanities and Social Science, University of Zagreb: Marko Tadić
Kypros	Cyprus	Language Centre, School of Humanities: Jack Burston

Latvia	Latvia	Tilde: Andrejs Vasiļjevs
		Institute of Mathematics and Computer Science, University of Latvia: Inguna Skadiņa
Liettua	Lithuania	Institute of the Lithuanian Language: Jolanta Zabarskaitė
Luxembourg	Luxembourg	Arax Ltd.: Vartkes Goetcherian
Malta	Malta	Department Intelligent Computer Systems, University of Malta: Mike Rosner
Norja	Norway	Department of Linguistic, Literary and Aesthetic Studies, University of Bergen: Koenraad De Smedt
		Department of Informatics, Language Technology Group, University of Oslo: Stephan Oepen
Portugali	Portugal	University of Lisbon: António Branco, Amália Mendes
		Spoken Language Systems Laboratory, Institute for Systems Engineering and Computers: Isabel Trancoso
Puola	Poland	Institute of Computer Science, Polish Academy of Sciences: Adam Przepiórkowski, Maciej Ogrodniczuk
		University of Łódź: Barbara Lewandowska-Tomaszczyk, Piotr Pęzik
		Department of Computer Linguistics and Artificial Intelligence, Adam Mickiewicz University: Zygmunt Vetulani
Ranska	France	Centre National de la Recherche Scientifique, Laboratoire d'Informatique pour la Mécanique et les Sciences de l'Ingénieur: Joseph Mariani
		Evaluations and Language Resources Distribution Agency: Khalid Choukri
Romania	Romania	Research Institute for Artificial Intelligence, Romanian Academy of Sciences: Dan Tufiş
		Faculty of Computer Science, University Alexandru Ioan Cuza of Iaşi: Dan Cristea
Ruotsi	Sweden	Department of Swedish, University of Gothenburg: Lars Borin
Saksa	Germany	Language Technology Lab, DFKI: Hans Uszkoreit, Georg Rehm
		Human Language Technology and Pattern Recognition, RWTH Aachen University: Hermann Ney
		Department of Computational Linguistics, Saarland University: Manfred Pinkal
Serbia	Serbia	University of Belgrade, Faculty of Mathematics: Duško Vitas, Cvetana Krstev, Ivan Obradović
		Pupin Institute: Sanja Vranes
Slovakia	Slovakia	Ľudovít Štúr Institute of Linguistics, Slovak Academy of Sciences: Radovan Garabík
Slovenia	Slovenia	Jožef Stefan Institute: Marko Grobelnik
Suomi	Finland	Computational Cognitive Systems Research Group, Aalto University: Timo Honkela

Department of Modern Languages, University of Helsinki: Kimmo Koskenniemi, Krister Lindén

Sveitsi	Switzerland	Idiap Research Institute: Hervé Bourlard
Tanska	Denmark	Centre for Language Technology, University of Copenhagen: Bolette Sandford Pedersen, Bente Maegaard
Tšekki	Czech Republic	Institute of Formal and Applied Linguistics, Charles University in Prague: Jan Hajič
Unkari	Hungary	Research Institute for Linguistics, Hungarian Academy of Sciences: Tamás Váradi
		Department of Telecommunications and Media Informatics, Budapest University of Technology and Economics: Géza Németh, Gábor Olaszy
Viro	Estonia	Institute of Computer Science, University of Tartu: Tiit Roosmaa, Kadri Vider

Lähes 100 kieliteknologian asiantuntijaa, jotka edustavat META-NET -hankkeen jäsenmaita ja kansallisia kieliä, viimeistelivät META-NET valkoisten kirjojen julkaisusarjan keskeiset tulokset ja sanoman META-NET -hankkeen Berliinissä, Saksassa pidetyssä kokouksessa 21-22.10.2011. — About 100 language technology experts – representatives of the countries and languages represented in META-NET – discussed and finalised the key results and messages of the White Paper Series at a META-NET meeting in Berlin, Germany, on October 21/22, 2011.

META-NET THE META-NET
VALKOISET KIRJAT WHITE PAPER SERIES

baski	Basque	euskara
bulgaria	Bulgarian	български
englanti	English	English
espanja	Spanish	español
galicia	Galician	galego
hollanti	Dutch	Nederlands
iiri	Irish	Gaeilge
islanti	Icelandic	íslenska
italia	Italian	italiano
katalaani	Catalan	català
kreikka	Greek	ελληνικά
kroatia	Croatian	hrvatski
latvia	Latvian	latviešu valoda
liettua	Lithuanian	lietuvių kalba
malta	Maltese	Malti
norjan bokmål	Norwegian Bokmål	bokmål
norjan nynorsk	Norwegian Nynorsk	nynorsk
puola	Polish	polski
portugali	Portuguese	português
ranska	French	français
romania	Romanian	română
ruotsi	Swedish	svenska
saksa	German	Deutsch
serbia	Serbian	српски
slovakki	Slovak	slovenčina
sloveeni	Slovene	slovenščina
suomi	Finnish	suomi
tanska	Danish	dansk
tšekki	Czech	čeština
unkari	Hungarian	magyar
viro	Estonian	eesti